純潔の近代

近代家族と親密性の比較社会学

デビッド・ノッター著
David Notter

慶應義塾大学出版会

序

「恋愛」の系譜

恋愛というものはどこでも同じだと考えがちである。しかし、歴史における恋愛観や性愛観の多様性を検討すれば、あるいは同じ時代においても、広く離れた地域の恋愛観を比べてみると、愛と性とが極端に社会や文化のあり方によって規定されていることは一目瞭然である。

日本の場合は、「恋愛」が明治時代に「発見」された、という話からはじまる恋愛論が多い。もちろん、日本には『源氏物語』のように、恋の物語が昔から存在するし、『万葉集』にまで遡っても、恋の歌がその大きな特徴である。だとすれば、「明治時代に恋愛が発見された」というのは誤解を招く言い方ではある。しかし、「恋愛」という言葉自体が明治時代に新しい造語として誕生したということは事実であるし、新しい語が必要であると思われたのは、当時の欧米の恋愛観に相当するものは日本には見当たらないと考えられたからである。その意味においては、三島由紀夫が言ったように、「日本には恋があったが、愛はなかった」と言うことができる（三島 1967: 35）。つまり、日本には「恋」や「色」と呼ばれていた土着の恋愛観が存在していたのだが、それらは明治時代に輸入品として登場し、「愛」という訳語で名付けられた欧米の恋愛観とは異なるものであった。

三島の言う「愛」は西洋思想において、プラトンの「エロス」に遡るものであると言える。[1] プラトンや古代ギリシアの恋愛観念は、それを継承したキリスト教の思想家によって、シンガー（I. Singer）の言う「キリスト教化」という過程を強いられる（Singer 1984a）。そのことを可能にしたのは、おそらく、愛は性に還元されうるものではなく、別物である、というプラトンの発想の特徴であろうが、性と別の意味領域をなす愛の観念は新プラトン主義の影響を強く受けていたアウグスティヌスによって、単純化して言えば、神を対象とした人間の愛としての「エロス」（eros）、人間を対象とした神の愛としての「アガペー」（agape）、それからその両者の総合体としての「カリタス」（caritas）といった観念に発展していった。シンガーが言うように、「理想的愛の伝統は、主にキリスト教のギリシア哲学の再解釈を通して発展した」ということになる（Singer 1984b: 10）[2]。

十二世紀に入ると、「愛」の歴史は新たな展開に向かう。その革新とは、それまでの、神を軸とするような超越的な愛は、男女関係のレベルにおいても可能である、という発想の誕生のことである。それは「アモール」（amor）とも、「騎士道の恋愛」とも、「宮廷愛」とも呼ばれることがあり、十二世紀の南フランスに登場した「吟遊詩人」トルバドゥールたちの詩に具現化された。トルバドゥールたちは実はキリスト教異端のカタリ派に属していたというド・ルージュモンの仮説（de Rougemont

1983）は有名であるが、アモールを唱えていたトルバドゥールたちがどのような思想の影響下にあったかは歴史家の間で激しく議論されており、意見が一致しているとは言えない[3]。ただ確実なのは、それは愛の思想において画期的な展開であった、ということである。

十二世紀にはじまった新たな愛の思想は、ヨーロッパの宮廷や貴族の文学のなかでさまざまな変容を通じてダンテやシェイクスピアなどの作品に登場するが、広く普及するものではなかったし、現在のように、結婚は情熱的な恋愛に基づくべきものであると思われていたわけではない。結婚は愛に基づくものでなければならないという発想は、十八世紀の終わり頃から普及しはじめた「ロマンティック・ラブ」の産物であるし、これは十二世紀の「宮廷愛」と十九世紀の「ロマンティック・ラブ」との、一つの大きな違いでもある。米国ではこの「ロマンティック・ラブ」の理想の普及は近代家族の定着と同時期であり、近代家族にまつわる情緒性の中心的な部分を占めるようになった。無垢で純粋な子どものイメージの誕生と母性愛の重要性に関する言説の普及もこの時期にあたるが、神秘的なロマンティック・ラブに基づいた夫婦関係を中心に、これらの要素は「聖地」としての「ホーム」という表象に結晶化していった。

問題設定

「ロマンティック・ラブ」と「ホーム」

「ロマンティック・ラブ」には、前述のような系譜がある。ただし、ブルデュー（P. Bourdieu）

（Bourdieu 1978）が言うように、近代的現象を分析する際に、その現象のルーツが近代以前に遡るものである場合は、もちろんある意味で連続性はあるが、その連続性を強調し過ぎても誤解を招くことになる。むしろ重要なのは、それが近代的な現象として登場する際の、その現象を取り巻く当時の社会的背景に注目することである。

十八世紀の終わり頃から英国と米国を中心に発展し、十九世紀に普及していった「ロマンティック・ラブ」を取り上げる場合に注目しなければならないのは、それが同じ時期に普及していった「ホーム」という近代家族像の重要な要素となった、ということである。先に述べたように、結婚はこの時期にロマンティック・ラブに基づくものでなければならないと考えられるようになったし、ロマンティック・ラブの神秘的な絆で結び付けられていた夫婦像は「ホーム」である近代家族の土台となった。この時期にまた性的「純潔」が新たな意味をもち、結婚は愛のみによって正当化できるものであると思われるようになったと同時に、結婚まで「純潔」を保つことによって性行為が愛の表象ともなり、このような「愛―性―結婚の三位一体」という「ロマンティック・ラブ・イデオロギー」と呼ばれる現象が、少なくとも米国の場合には、近代家族の大きな特徴となった。

そして日本においても、日本型近代家族である「家庭」が成立すると同時に、「愛」や「恋愛」に関するさまざまな言説が登場し、「家庭」と「愛」との関係は密接なものとなっていく。

「愛」・「恋愛」と「家庭」

明治時代には「愛」・「恋愛」という訳語を通して、巖本善治を中心とした『女学雑誌』にまつわる知識人らは欧米との接触にあたって出会った“love”という単語および概念を日本に導入しようとした。その訳語として、巖本善治は「恋愛」ではなく、あくまでも「愛」という語にこだわったのに対して、北村透谷は「恋」という字をあて、「恋愛」という単語を好んだという（佐伯 1988）。このことは、巖本善治の興味は「ロマンティック・ラブ」そのものにあったというよりも、欧米の愛に溢れる家族像であった「ホーム」にあった、ということを物語っている。「ホーム」を支えていたのは、ロマンティック・ラブを特徴とする夫婦愛でもあり、犠牲の精神を特徴とする母性愛でもあり、それら全体にまつわる感情的空間としての家庭愛でもあり、結局、その理想には「愛」があった。明治時代には“home”の訳として「家庭」という訳語も登場したが（瀬地山 1996a: 153）、『女学雑誌』では「愛」・「恋愛」の言説は最初から「家庭・ホーム」の言説と表裏一体をなすものであった。

「家庭」・「ホーム」という理想は明治時代の家族の現実とは一致していないと思われるが、大正期に入ってから、都市部の新中産階級がその新しい家族概念を実現していった。サラリーマンである夫と専業主婦である妻とその子どもからなる核家族のことである。近年においてはこの大正期の新中産階級の間から登場した「家庭」が社会学者または歴史家にかなり注目されるようになってきたし（e.g. 牟田 1996a; 小山 1999）、大正期の新中産階級における親密で情緒的な「家庭」こそが日本型近代家族の原型であると主張してきた論者たちは、今まで主流であった、戦前の家族を一律に近代家族と異質な「伝統的」なものとして捉えてきた枠組みを覆すことに成功したと言えよう。[4]

しかし、そのような研究が盛んになってきたものの、大正期の家庭における「愛」・「恋愛」と「家庭」との繋がりについてはほとんど分析の対象となっていない。戦前日本の家族の「近代的」性格を強調するためか、「恋愛」の問題に対しては不問に付す傾向があると言わざるをえない。[5]
中尾香の最近の論文で指摘されているように、近代家族論において、恋愛の問題が取り上げられる時、その論じ方は一般的にたいへん曖昧かつ単絡的であるという印象は否めない。中尾は言う。

> 近代家族論によると、近代化した家族においては「情緒性」が強調されるという。日本における家族の近代化がいつ起こったのかについてはともかくとして、…（中略）…たしかに情緒性が強調されるようになった。一般にこの情緒性は「愛情」と表現されている。「恋愛結婚」「母性愛」「家族愛」……。家族をめぐる概念には「愛情」が溢れている。しかし、「愛情」がそれに疑義をさしはさむ余地のない価値であると認識されているとき、その概念の意味するところが深く問われることはなく、結局のところご都合主義に用いられてしまっているのではないだろうか。（中尾 2003: 78-79）

十九世紀の「ロマンティック・ラブ」にしても、大正期の恋愛や夫婦愛にしても、それをただ単に「愛情」として処理するのではなく、比較の観点から「愛」というものが具体的にどのように語られていたのか、人々にとってどのような意味をもったのかということを考察する必要があるのではないかと思われる。

本書は十九世紀に「ホーム」[6]が中産階級の間で定着した時期の米国と、大正期に「家庭」が新中産階級の間で登場した時期の日本を中心に、「ロマンティック・ラブ」、「愛」、「恋愛」に付与された意味の考察を対象とする比較研究の試みである。またそれと同時に、これらの言葉およびそれによって指し示される概念をシンボルとして捉え、意味のシステムやシンボル・システムとでも呼ぶべき脈絡のなかで分析するという、文化分析の試みでもある。

このような「比較」や「文化」の視角を導入することによって、「ロマンティック・ラブ・イデオロギー」と呼ばれるものを新たに問い直すことが本書の狙いである。

方法論および主要テーマ

今や結婚が恋愛に基づくことが当たり前の時代となったが、このように「恋愛」や「ロマンティック・ラブ」というものが家族システムに介入することは、近代社会や近代家族を特徴とするものとして、社会学では「ロマンティック・ラブ・イデオロギー」と呼ばれている。

第五章で詳しく検討していくが、これまでの、「ロマンティック・ラブ・イデオロギー」についての代表的な論説の多くは機能主義というパラダイムに基づいている。つまり、恋愛結婚は近代社会の基盤をより安定したものにするように機能していると言われる。そしてその説はたしかに一理あると言える。たとえば、アメリカの場合は、個人主義の傾向が非常に強かった十九世紀においては、ロマンティック・ラブ・イデオロギーといったものが家族システムの基盤をより安定的なものにするように機能したと思える。しかし、エイブラムス（P. Abrams）が指摘しているように、機能主義というパラダイムにはどうしても「歴史」の視点を排除する傾向がある（Abrams 1982）、という大きな問題点が潜んでいる。さらに言えば、「文化」の視点を排除してしまうという傾向もある。したがって、「ロマンティック・ラブ・イデオロギー」を、「文化」や「歴史」を認識する視角を排除した機能主義的立場から捉えるだけではもはや不十分であると思われる。

そこで、先に述べたように、本書では「ロマンティック・ラブ・イデオロギー」を新たな視角から問い直すのだが、その新たな視角にはおよそ四つの特徴がある。一つ目は「文化」の視点である。「文化」と呼ばれるものを堂々と追究する歴史社会学研究に対して、違和感をもつ社会学者もあろう。あやふやな「文化」ではなく、「社会構造」こそが社会学が対象とすべき領域であるという考えが根強いからである。しかし、社会学という分野において一九八〇年代の終わり頃から九〇年代にかけて、「文化」の問題が新たに注目されるようになったし（e.g. Swidler [1986] 1998; Alexander 1988c; Archer 1988; Alexander & Seidman 1990; Kane 1990; Calhoun 1992; Munch & Smelser 1992; Sewell [1992] 1998, 1999; Berger 1995; Smith 1998）、二十一世紀に入ってもこの趨勢は留まるところを知らない。今や、いわゆるカルチュラル・スタディーズおよびこれまでの「文化の社会学」（sociology of culture）とも異なる、文化分析を中心的な位置におく「文化社会学」（cultural sociology）という新しい学派が成立しつつあり（Alexander & Smith 2003; Alexander 2003a）、ホロコーストを対象とする研究から（Alexander 2003b）、現在のアメリカにおける恋愛言説の分析まで（Swidler 2001）、文化分析を中心とする社会学的考察が相次いでいる。一方、歴史社会学という分野における一九九〇年代以降の「文化への転向」（'The cultural turn'）と呼ばれる動きのなかで（Ragin 2000; Smelser 2000）、歴史現象においても文化の役割を追究する研究が目立ってきた（e.g. Kane 1990, 2001; Rose 1999; Biernacki 1999）。近年の近代家族論では定義論もあれば（落合 1996）、国家の役割に着眼した研究もかなり多いが（e.g. 小山 1999; 牟田 1996a; 西川 1996, 2000）、「文化」そのものを重視する視点はほとんどみられない。したがって文化分析に重点を置くところに本書の特徴があると言える。

二つ目は「歴史」の視点である。「ロマンティック・ラブ・イデオロギー」は「近代家族」というものと表裏一体となっており、近年の近代家族論で明らかになったように、近代家族のあり様を把握するためには単純な近代化論に頼るのでは不十分で、社会史や家族史の成果を参照する必要がある。したがって、本書の分析にあたってはさまざまな家族史を参考にしており、大正期の大衆婦人雑誌といった歴史史料をも用いている。

三つ目は「比較」の視点である。「ロマンティック・ラブ・イデオロギー」は十八世紀から十九世紀にかけて欧米社会に誕生し、明治時代に輸入品として日本に入り、その後、徐々に普及していったと言われる。しかし、そのような説明はあまりにも単純ではないだろうか。明治期の日本の知識人が欧米の〈ロマンティック・ラブ〉の理想に出会った時、その翻訳語として「恋愛」や「愛」という言葉を当てはめたことはよく知られている歴史的事実である。しかし、彼らは〈ロマンティック・ラブ〉がヴィクトリア朝文化のなかでどのように意味づけされていたかを正確に理解できていたかどうか、また、「恋愛」という訳語をつけその新しい概念について論じた時にはその本質が受け手にうまく伝わったかどうか、さらには、その後「恋愛」という言葉が定着したことはたしかだが、それは欧米の恋愛観が定着したことを意味するのか、それともそれまで「色」や「情」という言葉で表現されていた日本土着の性愛観念／愛情観念が「恋愛」や「愛」という言葉で表現されるようになったことを意味するのか、[7] こういった問題は決して充分に解明されてきたとは言えない。こういった問題を明らかにするためには比較のアプローチが必要であり、本書は近代家族が登場した時期のアメリカと日本を比較の対象とする。

そして四つ目は、感情現象を把握することを目的とした、後期デュルケムに基づいた理論的アプローチである。「恋愛」は文化現象であると同時に、感情現象でもある。一九八〇年代以降、社会学からも人類学からも感情現象がどのように社会に規定されているかが広く問われてきたし（e.g. Hammond 1983; Hochschild 1983; Levi 1984; Rosaldo 1984; Averill 1985; Sommers 1988; 山田 1994; Calhoun 2001; Collins 2001）、歴史においても感情現象がかなり注目されるに至った（e.g. Zeldin 1982; Stearns & Stearns 1985, 1988; Gillis 1998; Kane 2001）。社会学の古典のなかで、最も感情現象に注目したのはデュルケム（E. Durkheim）であったが、本書では、デュルケムの後期理論――殊に聖―俗理論――が重要な手がかりとなっている。

聖―俗理論といえば、社会学の入門的な書物の定番としては有名でありながら、実際には近代社会の分析に当てはめることは不可能ではないかという疑問をもつ社会学者は長い間、少なくはなかったろう。しかし、ゴッフマン（E. Goffman）（Goffman 1967）や井上俊（1977）、ベラー（R. Bellah）（Bellah [1970] 1991d）、そして最近ではアレクサンダー（J. Alexander）（e.g. Alexander 1988b, 1992）の研究からわかるように、デュルケムの後期理論が近代社会の分析にとって有効であることは間違いない。日本ではまたデュルケムの後期理論の復活がみられ、最近では、主に「人格崇拝」という概念を中心に、聖―俗理論が社会学ジャーナルの紙面を占めるようになってきた（e.g. 森 2002; 山田 2002, 2004）。もちろん、本書では聖—俗理論だけではなく、意味論的変容に焦点を当てた言説分析からハビトゥスに関する考察まで、文化分析の名のもとに章によって用いられるアプローチや概念はさまざまであるが、全体から言えば、「ロマンティック・ラブ・イデオロギー」をデュルケムの後期理論から捉えることに、本書の特徴の一つがあると言える。

以上のような問題関心および理論的アプローチから本書を執筆したが、その内容はおよそ次の三つのテーマにわけることができる。

一つは、近代におけるロマンティック・ラブとは何かという課題である。一見、アカデミックにみえないこのテーマは近年においてギデンズ（A. Giddens）（Giddens 1992）やルーマン（N. Luhmann）（Luhmann [1982] 1986）など、社会学をリードする学者によって取り組まれてきたおかげで、その重要性がようやく認識されてきた。すなわち、それは男女の生物学的問題に決して還元されうるものではなく、近代における家族やセクシュアリティのあり方、または近代的「自我」という表象といった社会現象に密接につながっていることが明らかになってきた。本書ではギデンズやルーマンなどの恋愛論に着眼しつつ、後期デュルケムの立場から新たな分析の視角を提示する。その視角がロマンティック・ラブのみならず、ヴィクトリア朝のセクシュアリティまたは近代家族そのものを理解するためにも有効である、というのが本書の知見の一つである。

二つ目には、「男女交際」の問題がある。近代日本では「恋愛結婚」を奨励する言説が勢力をもつに至る過程において、「恋愛結婚」を実践するために自由な男女交際の期間の必要性が認められた一方で、女性の性的「純潔」に対するこだわりとの関連から「男女交際」がたいへん危険視された。結果として、男女交際が必要でありながら危険であるというジレンマが生じた。本書では、そのジレンマが恋愛至上主義の言説のなかでどのように処理されたかを検討する。さらに、比較の観点から、近代家族の形成期や隆盛期においては、米国では男女交際が危険視されなかったのに対して、それが、なぜ日本ではそれほど危険なものとして捉えられたのかという問題についても、考察を加えている。

三つ目には、「恋愛結婚」と「近代家族」との関連性の問題である。家族社会学では一般的に、「近代家族」には「恋愛結婚」が付き物であると言われてきた。しかし、本書ではこのような通説を疑問視し、日本の場合、近代がもたらしたのは「恋愛結婚」ではなく「友愛結婚」と呼ぶべきものである、と論じる。

そして、それらの三つのテーマをつなげるキー概念となるのが「純潔」である。「純潔」は近代におけるセクシュアリティの軸となる規範であったと同時に、「愛―性―結婚の三位一体」という近代的婚姻の秩序において接着剤として機能するものでもあった。さらには、文化システムやシンボル・システムのレベルにおいては、「純潔」は「聖なるシンボル」(Geertz 1973c) として、ロマン主義的愛コードの重要な要素だけでなく、近代家族そのものの道徳的基盤の根底をなした、と言っても必ずしも過言ではない。近代という時代は「恋愛結婚」をもたらし、一家団欒としての「ホーム」をもたらし、「ロマンティック・ラブ・イデオロギー」をもたらした時代である。それは、純潔の近代である。

純潔の近代　目次

I　純潔の構造

第一章　聖と俗としての恋愛

「愛」と「恋愛」という翻訳語を通して、love や romantic love という欧米の性愛観念を日本に導入したのは巖本善治や北村透谷らの『女学雑誌』を取り巻く明治の知識人であったということはよく知られていることである。[1] しかし、当時のその翻訳作業にまつわる事情を考える際に、巖本善治などの知識人が love や romantic love という概念を「愛」や「恋愛」という言葉とそれに含まれる概念であらわそうとした時に、その概念の意味内容がもとの love や romantic love のそれに合致していたかどうかという問題が浮かび上がる。これまで、「愛」や「恋愛」という言葉および概念の受容過程に注目した研究者は、一つの重要な意味においては、合致していないという。

たとえば、柳父章は『翻訳語成立事情』のなかで、「翻訳語『恋愛』は、一方で伝来の日本語と異なっているとともに、他方、言語の love とも、その意味や、機能の上で同じではないのである」という（柳父 1982: 105)。柳父の解釈では「『恋愛』を流行させた人々は、知識人やその子弟に多く、とくにプロテスタント系クリスチァンや、その周辺の人が多い」ことから、「クリスチァンへの影響ということは、『恋愛』が、巖本善治たちの解釈で、その精神的側面が強調されて理解されていた」とされる（柳父 1982: 100）。

あるいは、明治時代の文学作品を中心に「恋愛」や「愛」を研究課題とする佐伯順子も巖本善治や北村透谷が説く「神聖なる恋愛」の理想について、「『霊魂』が『相敬』しあい『清潔』で『高尚』な関係という明快な『愛』の定義には、肉体関係を〝不潔〟で〝低劣〟なものとする価値観が明らかにみてとれる」と同時に、こういった「精神尊重の姿勢は…（中略）…特にキリスト教の神を意識して打ち出されたものであった」という（佐伯 1998: 13-14）。しかも、柳父と同じように、佐伯は「英語の love が make love や lover といった表現にみられるように肉体関係を含む意味をも有している」と指摘し（ibid.: 17-18）、肉体と精神を分離し、肉体関係を否定する「愛」という概念が love の歪曲した解釈であると主張する。

たしかに、『女学雑誌』に表れる「愛」の描写ではその「精神的側面」が非常に強調されており、しかも肉体関係を特徴とする男女関係との対比で特に浮き彫りになっている。しかし、柳父や佐伯が論じているように、巖本善治らが「愛」の、肉体とかけ離れた精神性を強調することによって、本来紹介しようとしていたはずの love という言葉および概念を根本的に誤解していたのかというと、そうではない。むしろ、それはかなり正確な解釈であったと言わざるをえない。明治時代の知識人の恋愛論を考察する際に忘れてはならないのは、彼らが欧米との接触にあたり出会ったのはヴィクトリア朝時代の独特の恋愛観であった、ということである。近年のロマンティック・ラブに関する優れた歴史研究で明らかになっているように（e.g. Berend 2000; Seidman 1991）、ヴィクトリア朝時代には、恋愛はまさしく「精神的」な存在として語られていたのである。

ここで「ヴィクトリア朝の恋愛」と呼んでいるものは、ルーマンとギデンズ、または大澤真幸といった社会学者がその意味を吟味したうえで「ロマンティック・ラブ」および「ロマン主義的愛」と呼んできた恋愛形態である。[2] 大澤が主張するように、「一八世紀末から一九世紀にかけて、ヨーロッパの愛の歴史の中に、重大な亀裂が走る。その亀裂は、『ロマン主義的な愛 romantic love』の登場によって、画することができる」のである（大澤 1996: 90）。

十二世紀に遡る愛の思想を独自の理論で探究することによってその系譜を明らかにしたのはルーマンである。ルーマンは『情熱としての恋愛』（Luhmann 1986）という著作のなかで、文学や文学的史料にみる愛の「コード」の変遷を辿っていった結果、十二世紀ヨーロッパで宮廷愛として生まれた性愛コードは文学においてさまざまな変遷を通じて、十七世紀のフランスでは「アモール・パッション」（*amour passion*）として登場し、そして最終的に十九世紀の英国でロマン主義的愛（romantic love）として現われたと指摘している。

フランスで栄えていた「アモール・パッション」と英米を中心に発展していった「ロマン主義的愛」とはさまざまな点において対照的な存在であった。着目すべき点は、「アモール・パッション」は婚姻外で行われ、「遊び」的な要素が大きかったのに対して、「ロマン主義的愛」あるいは「ロマンティック・ラブ」は非常に厳粛なものであったし、結婚と表裏一体となっていた。さらに、「アモール・パッション」は性行為をともなうものであったのに対して、十九世紀のロマンティック・ラブでは、ルーマンの言う「ヴィクトリア朝における奇形の性道徳」との関連で（Luhmann 1986: 10）、婚外性が極端に有害視され、性的「純潔」が重要視されていたのである。その意味において、「愛」や「恋愛」という訳語を付し、「ラブ」を「ラスト」（肉欲）と対比させながら精神的な愛にこだわっていた明治の知識人は決してロマンティック・ラブを誤解していたわけではなく、むしろその重要な側面を強調していたにすぎない。

ギデンズが言い切ったように、「ロマンティック・ラブ複合体は、マックス・ウェーバーがプロテスタンティズムの倫理のなかに見いだした複合化された諸特性と同じだけ、歴史的に独特なものであった」と思われる（Giddens 1992: 40）[3]。近年において、日本内外の社会学者による高度な恋愛論が盛んになり、そのおかげでロマンティック・ラブに対する理解はかなり深まってきたと言えよう。しかしそれにもかかわらず、性的「純潔」へのこだわりなど、ヴィクトリア朝文化とロマンティック・ラブとの関連性は十分に解明されてきたとは言い難い。本章の狙いは、デュルケムの聖―俗理論こそがその関連性を明白にする分析の視角となることを明らかにすることである。

ロマン主義的愛を聖―俗理論から捉える視角

「歴史的に独特な」ロマンティック・ラブの力学を模索するためにはデュルケムの後期理論は示唆に富む。

デュルケムの思想には一八八四年～八五年のデュルケムのボルドーでの宗教を内容とする公開講座

を軸として分裂がみられることがアレクサンダー（Alexander 1988a, 1989）やルークス（S. Lukes）（Lukes 1985）によって明らかにされている。デュルケム自身はその後の理論的枠組みを「宗教社会学」と呼んだが、それは結局、デュルケムにとって、宗教的儀礼やその他の宗教的現象が社会生活を理解するためのモデルとなった、ということである。つまり、アレクサンダー（Alexander 1988a）が鋭く指摘しているように、デュルケムは近代社会における聖―俗の対比図式の中心的な役割を浮き彫りにする理論を通して聖と俗との分離を軸とするシンボル・システムのほかに、社会生活を規定する力を孕むものとしての記号的類型および儀礼行為の役割や儀礼行為を中心とするモデルを発展させていったのである。

しかも、デュルケムの新しい「宗教社会学」においては感情現象や感情的相互作用が非常に重要な役割を果たしており、後期デュルケムの思想においては感情的相互作用と観念的価値観とが表裏一体をなすものである。具体的に言えば、感情的相互作用が宗教的恍惚に類似するエネルギーを生産し、その心的エネルギーが有力なシンボルとして機能するものもしくは考えや発想に付着し、最終的にそれらのシンボルが社会的事実として結晶化するのである。しかもシンボルが社会構造そのものと独立的に編成され、聖―俗の対比図式に分離され、「聖」の領域に属するシンボルが社会生活や社会構造に影響を与えていく、とデュルケムは考えるようになったのである（Alexander 1988b: 188）。

デュルケムの思想においては感情現象が中心的な位置を占めていることから、感情社会学という分野の開拓者の多くは感情の生成そのものや情緒的現象の社会的役割を理解するためにデュルケムにみたことは驚くべきことではない（Hammond 1983）。なるほど、デュルケムは、感情や情緒的現象は家内的編成やそのほかの種類の社会的編成の基盤そのものであるとさえ主張しているのである（Durkheim & Mauss [1903] 1963）。パーソンズ（T. Parsons）の理論ではデュルケムの機能主義的マクロの観点が特に強調され、そのせいか、デュルケムの聖―俗理論は人類学者によって展開されてきたものの（e.g. Douglas 1966）、デュルケムの思想における情緒的現象の重要性は長い間、放置されたままであった。しかし、感情社会学という分野の発展とともに感情現象がデュルケムの思想においてどれだけ重要な位置を占めているかということが再認識されてきた。このことを逸早く認識し、自分の理論に取り入れた理論家として、コリンズ（R. Collins）をあげることができる。しかも、コリンズが恋愛そのものをデュルケムの儀礼理論を通して分析していることは、本章のテーマから言えば、特に興味深いことである。先駆者として、コリンズがデュルケムの儀礼理論を通して性愛現象の問題を考察したことによる恋愛論への貢献は大きいものだが、後ほど論じるように、コリンズの分析そのものは不十分である。

コリンズの家族論では、ロマンティック・ラブはデュルケムの儀礼理論の枠組みのなかで説明されている。コリンズによると、「恋愛（Love）は私的ミニ宗教のようなものであり、カップルそのものが二人のそれぞれの畏敬の対象となっている」（Collins 1981: 145）。つまり、「近代的コートシップではカップルはダイアド［二者関係］として構造的に隔離される」と、他者を排除した二人だけの世界に入って、集中的な相互作用を繰り返すことによって、「儀礼的メカニズム」が引き起こされるという。しかも、その「儀礼的メカニズム」によって二人の間の「感情は増幅され、…（中略）…二人の関係そのもののシンボルに付着する」のである（ibid.）。このように、「ダイアドは聖なる対象」になり、二人がそれぞれ「相手の世俗的崇拝の特別対象となる」という(Collins 1988: 120)。

コリンズの説明では「儀礼的メカニズム」を引き起こすのは近代的コートシップ(求愛)である。したがって、コリンズの見解では、「近代的カルトである個人的恋愛(modern cult of individual love)」は「個人中心の結婚市場への歴史的移行」の結果である(ibid.)。「結婚市場」とは自由な配偶者選択とそれにともなう自由な男女交際のことである。そして、コリンズが特に強調しているのは「性市場」としての自由交渉を含む男女交際制度と、性行為が自動的に感情を引き出す傾向である。

コートシップ儀礼や性的行為と感情現象との関係などは鋭い指摘である。しかし、それだけでは近代の「ミニ宗教」としてのロマンティック・ラブを説明することはできない。性愛現象にはたしかに通時代的普遍的な側面があるし[4]、コリンズが記述したコートシップ儀礼や性的行為における感情を増幅する機能の説明はそういった性愛の普遍的な側面をうまく捉えていると思える。しかし、十九世紀に登場した、ギデンズのいう「歴史的に独特な」歴史的複合体としてのロマンティック・ラブを把握するためには、そういった「儀礼的メカニズム」以上の説明が必要となる。コリンズの説での問題となるのは、コリンズはデュルケムの「宗教社会学」における「儀礼」の重要性を認めているものの、特定の歴史的過程に規定される「信念」の重要性を見落としている、ということである。

デュルケムによると、「宗教的現象は自然に二つの根本的範疇に編成される:信念と儀礼。前者は意見のありさまであり、表象である:後者は規定された行為様式である」(Durkheim [1915] 1976: 36)。もし「あらゆる宗教は知的概念と儀礼からなっている」なら(ibid.: 101)、ロマンティック・ラブという宗教もそのはずである。近代的コートシップや性行為は感情を引き出し、増幅するように機能することはたしかであるが、そういった感情的エネルギーがどのように水路づけられるかは信念、シンボルや表象などのありさまによって決まるのである。したがって、ロマンティック・ラブを考察するにあたって、コートシップ儀礼のほかに、恋愛にまつわるシンボルや信念に注目しなければならないのである。換言すれば、「あらゆる宗教は知的概念と儀礼からなっている」とすれば、宗教としてのロマン主義的愛が具体的にどういった「知的概念」——すなわち信念——からなっているかという問題を問わなければならないのである。

社会学者によって「ロマンティック・ラブ複合体」(romantic love complex) と呼ばれてきたものには少なくとも次の三つの主要な信念を指摘できる (e.g. Hendrick & Hendrick 1992: 61; Stone 1977: 282)。第一に、「真の愛」の対象は一人しか存在しない、つまり、世界中のどこかに運命によって定められた掛け替えのない相手が存在するということである。第二に、その運命の相手に出会う際に、「一目惚れ」という形で、その相手が生涯の「真の愛」の相手であるということが瞬間的に直感でわかる。そして第三に、「愛はすべてを克服する」というように、あらゆる事柄より愛が優先されるべきであり、特に配偶者選択の場合は物質的利害ではなく、愛のみによるものでなければならない。

もちろん、このようにこれらの信念を列挙してみると、滑稽の向きもある。しかし、デュルケムが言うように、信仰者がもつその信仰にまつわる知的概念が客観的にみて「正しい」か「正しくない」かにかかわらず、「宗教的体験」とでも呼ぶべきものはそれなりに基盤を有する (Durkheim [1915] 1976: 417)。言い換えれば、信念の「真実性」を問わず、それは儀礼的行為を喚起し、行動を規定するのである。以上のような信念は十二世紀の宮廷愛のアモールにはじまり、さまざまな変容を経て、十九世紀にロマン主義的愛（romantic love）として発現し（e.g. Singer 1984; Luhmann 1986; 大澤 1996）、恋愛小説を通して十九世紀に普及したのである（Stone 1977; Rothman 1984）。

十九世紀米国のロマンティック・ラブにおける信念と儀礼

二十世紀から二十一世紀にかけてのアメリカでは前述の信念は何らかの形で残存し、行動を規定しているものの、もはやそのまま丸呑みされているわけではない（Illouz 1997; Swidler 2002; Gross 2005）。しかし、十九世紀に「真の愛」の理想がどれだけ影響力をもったのかは、最近のベレンド（Z. Berend）（Berend 2000）の十九世紀のニュー・イングランドに住んでいたスピンスターを対象とした研究によって明らかになっている。スピンスター（spinster）の訳語として「独身女性」があるが、厳密に言えば、スピンスターという言葉は一生結婚しない女性のことを指している。アメリカの十九世紀においては社会運動などで活躍した著名な女性の数は少なくないが、それらのほとんどがスピンスターであった。そのため、従来の学者の一般的な解釈というのは、そういった女性は二十世紀後半の多くのフェミニストのように「家庭イデオロギー」や「ロマンティック・ラブ・イデオロギー」を拒否していた、というものである。しかしベレンドの精緻な歴史研究の結果、実はその逆であるということが判明した。ニュー・イングランドに住んでいた十九世紀のスピンスターの手紙や日記を調べたところでは、その多くがロマンティック・ラブにまつわる前述の信念を強く抱えていて、「真の愛」またはそれに基づいた結婚を理想としていたことが明らかになった。事実、その理想に対してあまりにも誠実だったからこそ、結婚できなかったようである。つまり、ほとんどの場合は候補者の相手も結婚する機会もあったが、彼女らは唯一の「真の愛」の対象がどこかにいると信じていたため、その相手にはまだ出会っていないと判断した場合、それでもなお結婚することは自分の理想や信念に反することとなってしまうのである。

なぜこのような信念がそれほど十九世紀の女性にとって深い意味をもったのかを理解するためには、それらが当時のキリスト教のシンボル・システムの脈絡のなかで受け入れられたことに着目する必要がある。[5] プロテスタンティズムの影響の了解なしでは、アメリカのヴィクトリア朝時代の文化的背景は理解不可能だと言われるが（Seidman 1991; May 1980）[6]、それは女性の歴史に対しては特に言えることである。ヴィクトリア朝時代では愛——特に女性の愛——は基本的に「精神的」なものとして捉えられていたし（e.g. Seidman 1991）、十九世紀には女性はセクシュアリティの面に関しても、道徳的な面に関しても、基本的に「純潔」（pure）な存在であるという観念が現れたが、その登場は一七九〇年〜一八三〇年の福音主義の興隆に起因しているようである（Cott 1979; Griswold 1982）[7]。道徳的「純潔」（purity）はピューリタンの時代から福音主義では重視されていたのだが（Greven 1977）、十九世紀においては女性が特に道徳的「純潔」を担うようになり、それと同時に、「家庭」（Home）がとりわけ女性の領域となっていったので、堕落頽廃に充ちた「家庭」外の世の中と「聖域」としての「ホーム」という二項対立の発想が生まれ、聖域としてのホームを維持するのは女性の役割となった。しかも、この脈絡のなかで、多くの男性が「妻を文字どおり崇拝する」ようになったという（Lewis 1983: 196）[8]。「愛は多くの人にとって、新しい宗教となった」のである（ibid.: 195）。ここで強調すべきなのは、それが激しい感情の追求とその表現をともなう現象であったことである。ルイス(J. Lewis)の言葉で言えば、十九世紀では「ホームは感情的オーケストラであり、感情が感情を呼び、家中が響いていく」ほどであった(ibid.: 201)。

先に述べたように、デュルケムの聖―俗理論では感情現象が重要な役割を果たす。つまり、感情的相互作用が宗教的エクスタシーに近い状態を引き起こし、それによって生産された感情的エネルギーがシンボルの形をとり、デュルケムの言う「聖」の領域に属するシンボルこそが社会生活に大きな影響を与える力を有する。しかも、それは儀礼行為を通してである。十九世紀アメリカのロマンティック・ラブを研究対象にした歴史家リストラ(K. Lystra)は中産階級の人々が残したラブレターを史料としたが、その優れた研究業績(Lystra 1989)をみれば、十九世紀アメリカのロマンティック・ラブがいかに儀礼行為に支えられていたかが窺える。

第一に、ラブレターを書き、読み、交換し、またそのプロセスを繰り返すこと自体は立派な儀礼行為であった。ラブレターはヴィクトリア朝の中産階級や上流階級のアメリカ人にとって大変感情の籠ったものであったし、一回読むだけでなく、何回も読み返されるものであった。しかも、一般的に少なくとも週一回というペースで、ラブレターのやりとりは頻繁に繰り返される儀礼であった。また、ラブレターを書くのも、読むのも、日常生活と隔離された、プライバシーを象徴する寝室という儀礼化された空間で行われたのである。

第二に、十九世紀のコートシップの大きな特徴は劇的な感情的危機をともなう儀礼化された「感情的試練」(emotional testing)であった(Lystra 1989: 166)。この「危機」は必ず女性の方から仕掛けるものであり、男が乗り越えなければならない障壁という形をとっていた。自分は良い妻になる自信がないといった理由で突然に婚約を破棄するなど、相手に障害を投じることによって女性が男性の感情の強さを試すことができたと同時に、試練を強いることによって、感情を増幅させることができたと考えられる。

第三に、コートシップ中、もしくは結婚生活のなかでの性的表現そのものもロマンティック・ラブという宗教での崇拝儀礼となったのである。「アメリカ生まれの中産階級の人々にとって、セックスは聖体（sacrament）」であった。キスも夫婦のベッドも「聖なる」ものとされ、「崇拝としての情熱」という現象が生じたという（Lystra 1989: 249）。

十九世紀のアメリカには宮廷愛にはじまる性愛コードがロマンス小説という媒体を通して伝達されたと同時に、当時のキリスト教に規定されたシンボル・システムとさまざまなコートシップの儀礼を通して愛の聖化が起こったのである。

ヴィクトリア朝のセクシュアリティ

ヴィクトリア朝時代では「セックスは聖体」であったという前述のリストラの主張は読者を困惑させるかもしれない。なぜなら、ヴィクトリア朝は「抑圧仮説」を支える時代であり、性行為を蔑視し、殊に女性のセクシュアリティを徹底的に否定し、抑制・抑圧した時代として有名だからである。アメリカのヴィクトリア朝には、女性には性欲がまったくないか、あるいはかなり弱い形で精神的な

「愛」とセットでしか存在しないという言説が主流であったが（Cott 1979; Seidman 1991）、「抑圧仮説」を唱える者からすればそれは、十九世紀の女性の本能的な性欲は「抑圧」され、もはや意識にすらのぼらない、ということである。

この「抑圧仮説」に疑問を投じたのはフーコー（M. Foucault）である。フーコーによると、十九世紀に、婚外のあらゆる性行為が有害視され、罪悪視されたことは、性欲が意識から消えた証拠にはならないという。むしろ逆に、それは、性欲がますます人々の意識の大きな部分を占めるに至ったことを物語っていると論じた。つまり、抑圧されるどころか、性欲が刺激され、増幅され、そういった性欲への集中の背景には複数の言説の構築があり、またその裏に複数の権力の作用がある、という。このように、「快楽と権力は、…（中略）…興奮と刺激の装置や複雑なメカニズムによってリンクさせられ」て、相互補完的であるとフーコーは論じる（Foucault 1980: 48）。

フーコーの説はたいへん斬新なものであったし、影響力も未だにあるが、ギデンズによって批判に晒されることとなった。ギデンズは「フーコーが力・権力（power）と呼ぶもの――その、不思議にも自発的にものごとを動かせる例の『力・権力』――は、いくつか基本的な点においてはジェンダー化された力であった」と主張し（Giddens 1992: 171）、十九世紀では女性の「領域」とされていたホームや家庭生活などで「革命」が起こったと指摘し、そういった「私的生活に影響を及ぼす」ものとしての母性愛およびロマンティック・ラブの役割を重視した。しかし、女性は「性的快楽を得る可能性が奪われた」と（ibid.）、フーコーとは反対に、「抑圧仮説」を否定するわけではない[9]。

デュルケムの聖―俗理論を通して十九世紀のセクシュアリティを考察することによって、フーコーの見解ともギデンズの見解とも異なる新たな解釈が可能となる。以下で明らかになるように、その解釈ではギデンズと同様にロマンティック・ラブの役割がもちろん強調されるが、ギデンズのロマンティック・ラブの捉え方そのものが反映されるわけでもないし[10]、ギデンズの説とは反対に、「抑圧仮説」が受け入れられるわけでもない。むしろ、フーコーのように、十九世紀には性に対する関心が「抑圧された」どころか、逆に増していったことが認められる。しかし、その現象を説明するためにフーコーの「快楽と権力」のリンクという説が受け入れられるわけでは決してない[11]。以下では、聖―俗理論に基づいて、その現象をデュルケムが聖の「両義性」と呼んだ現象と、その概念を洗練させたものとしてここでいう「聖―俗―瀆」の三項図式との関連で理解するべきである、という点に絞って話を進める。

聖の両義性と「聖―俗―瀆」の三項図式

デュルケムの「聖概念の両義性」については、井上俊は次のように簡潔に記述している。

聖はしばしば瀆聖をふくみ、浄と不浄、神的なものと悪魔的なものをともにふくんでいる。…(中略)…あまりにも烈しい瀆聖は、どんな手段によっても贖うことができないので、人々はこれを俗の世界から厳重に隔離して有害な影響の伝染を防ごうとし、また汚穢を祝福に転じ、不純なものから純化の手段をつくりだそうと努めるのである。浄と不浄、純粋なものと不純なものとは、ともに強烈な力であり、畏怖と魅惑の感情をよびおこす。両者は、いわば聖の両極として、対立すると同

時に親縁関係をもち、しばしば相互に浸透しあい、また転換しあう。（井上 1977: 126-127）

デュルケムは「聖の両義性」という概念によって、「浄と不浄」とその対立という重要な現象を取り扱うことができたと思われる。しかし、それらを「聖」の両義性として捉えるデュルケムのそのアプローチには問題があることが指摘されている。たとえば、未開社会におけるタブーを観察してきた人類学者であるメーリー・ダグラス（M. Douglas）によると、デュルケムは「聖」と「俗」との区別ばかりを意識し、伝染性を特徴とする「聖」と、聖ではないが未開社会で同じように伝染性を特徴とするとされている呪術（magic）との区別を十分に吟味できていないという（Douglas 1966: 22）。また、デュルケムは「俗」と「聖としての不浄」という別個の範疇を混同して一つの用語で表現しているということも指摘されている（e.g. Lukes 1985; Alexander 1988b）。特に問題なのは、「俗」という用語の使い方である。つまり、一方ではデュルケムは「俗」なるものを「聖」との対比で、平凡で日常的な現象として記述していたが、他方では「物事は何よりも聖か俗か、浄か不浄か」といったように（Durkheim & Mauss [1903] 1963: 86）、「俗」という用語を「不浄」という意味で使うことも少なくない。しかし、分析的には――またダグラスなどの人類学者の経験的データからいっても――「不浄」はやはり「聖」とも異なるし、もちろん日常的な現象を指す「俗」とも異なる範疇として捉えるべきである[12]。したがって、ここで「聖―俗」という二項図式に替わるものとして、「聖―俗―瀆」という三項図式を提案する[13]。ここでいう「瀆」という領域に属するものは「瀆《けが》れたもの」でり、「瀆《けが》すもの」である。「瀆」は「冒瀆的」であり、「聖」と同じように日常生活の領域（俗）とはかけ離れているし、また力を有するとされるが、それは有害をもたらす力であるため、恐れられる。「聖」を脅かすものとして、極端な「不浄」である。

ダグラスの「浄」と「不浄」に関する研究に登場する重要な知見は、「不浄」を恐れてタブーを設けるのは「未開人」だけではなく、近代人でもそうである、ということである。そして、「ヴィクトリア朝の純潔における性とシンボル」と題された論文のなかで、歴史家スミス゠ロゼンバーグ（C. Smith-Rosenberg）（Smith-Rosenberg 1978）は実際にダグラスの研究を大いに参考にしながら十九世紀アメリカにおける「純潔運動」のはじまりを巧みに分析した。ヴィクトリア朝の性的「純潔」の最大の特徴は特に女性を対象とする婚前性と婚外性に対するタブーとなっていったが、アメリカでは性的純潔は一八三〇年代頃から若い男性を対象とする改革運動としてはじまったのである。「純潔」を唱える（男性によって書かれた）数多くの本の主だった内容は、第一に、結婚するまでは青年は童貞でなければならない、第二に、自慰という行為は絶対にしてはいけない、ということであった。特に後者に関しては、執筆者は一様に烈しい恐怖心を示していた、という。この現象に対してスミス゠ロゼンバーグの分析は男性の射精そのものがシンボルとしての身体を汚す力をもつ「不浄」なものとみなされたと論じる。つまり、近代化にともなう激しい社会的変動に直面していた当時の米国社会では無秩序状態に陥ることが恐れられ、社会全体の無秩序＝汚染に関する恐怖から、社会のシンボルとしての身体を汚す「不純」な射精から守ることが性的純潔を唱える改革者の使命となった、という。

スミス゠ロゼンバーグの分析は興味深いものであるが、このことは近代家族の登場という、当時の社会構造上の、また別の重要な変化との関連で解釈することも可能であることをここで指摘しておきたい。一八三〇年代頃からはちょうど米国における「近代家族」が定着する時期に当たるのである(Degler 1980)。そして、先に述べたように、十九世紀アメリカに登場した近代家族は「聖域」としての「スイート・ホーム」であった。あらゆる社会では「聖」の領域に接近・接触する者には、完全な身体的「浄化」が求められるが(Douglas 1966: 52)、「ホーム」そのものの聖化とともに、いずれは「ホーム」を作っていく者としての、またはその感情的核となる「聖なる」愛を特徴とする夫婦関係を担っていく者としての若い青年を身体的「汚染」から守る衝動に駆られて、改革者が純潔運動をはじめたと考えられるのではないだろうか。

そして、最終的に自慰だけではなく、十九世紀を通じて「純潔」という名のもとで婚外のあらゆる性的行為が有害視されていったが、そもそも婚外の性的行為がここでいう「瀆」という領域に属するようになったのは、性的行為が「愛」の聖性を脅かすからであると考えられる。もちろん、ピューリタンの時代から福音主義では性的事柄は基本的に「不浄」としてコード化されていたと言えるが(Greven 1977)、「不浄」とされるもののなかで、ダグラス(Douglas 1966: 8)が指摘したように、その度合いが細分化されている。いわば、軽い「不浄」もあれば重い「不浄」もある。ピューリタンにとっては性的事柄は一応「不浄」とされたが、その一方で、ピューリタンは意外とセックスに対して現実的であった(D'Emilio & Freedman 1988)。十九世紀における性的「純潔」に対するこだわりはまさに独特なものであるが、それはただ単に性的事柄が「不浄」としてコード化されたのではなく、そのコードが重みのある(weighted)ものとなったという点にある。[14] つまり、「不浄」としてコード化されているもののなかで、それが日常的な世界からかけ離れるほどの重みを与えられるとはじめて

「瀆」という領域に属するに至ると考えることができる。そしてここでは、十九世紀のセクシュアリティを「不浄」とするコードに、それが瀆化されるほどの重みがついた原因は、「聖なる」愛の登場にある、という仮説を立てたい。

純潔のパラドックス

この仮説をある程度まで裏付けるものとして、アメリカのヴィクトリア朝のシンボル・システムにおいては「愛」と「性」とが別個の意味領域をなし、その間に激しい「対立」(antagonism/antithesis)が存在したというサイドマン(S. Seidman)(Seidman 1991)の研究がある。サイドマンによると、アメリカのヴィクトリア朝時代には結婚の本質とされた「愛」は基本的に「精神的な」ものとして捉えられていたが、それはやむを得ず「性」という結婚生活の一部と共存しなければならない。だが、ヴィクトリア朝時代の人々には性や性欲によって官能的感情(sensuality)や「ラスト」(肉欲)が刺激されがちであると考えられていたと同時に、そういった「ラスト」が「結婚の精神的本質」を破壊する恐れがあるとも考えられていたという(Seidman 1991: 82)。すなわち、婚姻内の性は必要なものとして認められていたものの、それは危険視されたのである。そこで、婚姻内性を抑制するために「性の脱官能化」(the desensualization of sex)が起こったという(ibid.: 7)。

十九世紀アメリカのシンボル・システムのなかで「愛」と「性」とが別個の意味領域をなすというサイドマンの指摘は重要なものである。しかし、「精神的」愛の登場との関連で性的表現が全面的に否定されたと主張したサイドマンの見解は先に取り上げた、性的表現は「聖体」であったというリストラのデータと相容れない[15]。サイドマン自身が言うように、十九世紀の「精神化された愛の理解の仕方では、性交そのものは官能的行為（sensual act）よりは心的（mental）行為にみえた」のである（Seidman 1991: 28）。それを「性の脱官能化」と呼んでしまえばそれまでだが、忘れてはならないのは、このように性交を精神的行為と化することによって性行為や性的表現が正当化可能となったということである。それは、再生産を目的とした性交しか正当化されていなかったそれまでの時代と比べて（D'Emilio & Freedman 1988）、画期的な変化であったとも言える。それはまた、性的表現の儀礼化をともなうものでもあった。

ヴィクトリア朝における愛と性の「対立」において注目すべき点は、第一に、いかなるプロセスでその「対立」が生じたかということ、第二に、性が愛を脅かすと同時に、逆に性が愛によって正当化される、というパラドックスである。愛と性の「対立」を「聖」の領域に属する「愛」と、それを汚染する力をもつ「瀆」の領域に属する「性」との二項対立的な関係として捉えると、それは単純な「対立」ではなく、性は聖なる「愛」との対比で冒瀆的な存在としての「瀆《けが》がれた」ものとなる。しかし、「聖」と「瀆」とは「転換しあう」ものでもある。儀礼的浄化を通して性そのものが愛の表現として聖なるものへと変質する可能性を孕んでいたと思われるのである[16]。

「聖なる」愛を汚すリスクが大きかったからこそ、夫婦間では性行為は儀礼を通して純化される必要が生じたと考えられる。ヴィクトリア朝においては、女性と対照的に男性には根本的に官能的な性欲が宿ると考えられていたことは、その肉体的性欲が「聖なる」ロマンティック・ラブとそれによって支えられていた夫婦関係――またその延長線上にある聖なる「ホーム」――を汚すという危険性をもたらしたため、儀礼的浄化は慎重に進めなければならなかったのであろう。しかし逆に、儀礼化が順調に進められれば、それは「聖体」となり得た。

第二章　男女交際・コートシップ

我俗は並宿前の恋愛を容れず。西洋の俗はこれを容る。並宿前の恋愛は我に在りては罪悪たり、彼に在りては徳義たり。
森鷗外[1]

明治時代の知識人には、「家庭」・「ホーム」という新しい家族概念を日本に導入した。「家庭」・「ホーム」の一つの特徴は愛のある夫婦関係であったため、結婚相手を選ぶのは親ではなく、結婚する本人であるべきだ、という発想が生まれた。それが今でいう「恋愛結婚」であるが、当時は「自由結婚」と呼ばれた。しかし、自分で結婚相手を決める場合には交際期間が必要となる。したがって、この時期に、「自由結婚」とともに「男女交際」が唱えられるようになった。

明治時代では、「家庭」・「ホーム」という理想は一つの言説にすぎなかったが、大正期に入ってから、その理想が都市部の新中産階級のなかで現実となった。日本における「近代家族」の誕生である[2]。しかし、日本の場合、それは「自由結婚」からなる家族ではなかったし、日米比較においては、それは十九世紀に誕生した米国型近代家族と大正期に成立した日本型近代家族との重要な差異点である。大正期に登場した日本型近代家族は「恋愛結婚」の媒介なしに成立したのである。「恋愛結婚」という理想は理想として終わった。

といっても、明治時代の恋愛結婚や「自由結婚」の言説が勢力を失ったわけでもない。逆に、大正期は恋愛を理想化する時代となった。その恋愛至上主義を説いた作品の代表として倉田百三の『愛と認識との出発』と厨川白村の『近代の恋愛観』があり、両方ともベスト・セラーとなった（見田・見田 1966）。またこの時期に、結婚は家のためにするものではなく、恋愛よりのちに至るべきだという意識がさらに強くなっていった。大正七年に島中雄作は『婦人公論』に、「結婚の条件は恋愛にある事は今さら言ふまでもない事である」（「背面の敵二つ三つ」『婦人公論』大正七年四月号、五十一頁）と書いている。だが問題は、恋愛結婚を実現するためには、男女の婚前の交際期間が必要でありながら、このような「男女交際」あるいは「自由交際」はあまりにも危険だと思われていたことにある。島中雄作も、恋愛結婚を肯定的に評価しながらも、「今日の青年男女を自由に交際させるのは、馴らされない暴馬を荒野に放つやうなもので、怪我過ちは馬それ自身に止まらないであろう」と「男女交際」を危険視する。

「家庭」・「ホーム」、または恋愛結婚や「自由結婚」の理想とそれに絡む男女交際論が巌本善治の主宰する『女学雑誌』ではじめて登場し、展開されるようになる。『女学雑誌』で「ホーム」や「恋愛」の理想を唱える者にとっても、男女交際は必要だが危険である、というジレンマに直面していた。つまり、「或る限りに至る迄男女を接近せしむるが為して、而して其危険は、此の限りを立越えて彼等を接近せしむるが為に原づく」ので、「男女交際は、天の使にして亦悪魔なり」（社説「男女交際論―其危険」『女学雑誌』明治二十二年七月十四日一一八号、一七五頁）というように語られていたわけである。[3]

男女交際が危険視されたのは、それが女性の「純潔」（処女性）を脅かす可能性を孕んでいると思われたからである。また、自由な男女交際を許すことによって、「怪我過ちは馬それ自身に止まらないであろう」と島中雄作が言う時、「純潔」の問題は個々の女性の問題のみでなく、社会の問題でもあると言っている。純潔概念は「セクシュアリティの近代」の特徴の一つでもあり、すなわち、近代家族の登場と密接に結びついたセクシュアリティに関する社会の規範に含まれるのである。赤川学によると、明治末期から大正期にかけて成立したセクシュアリティの秩序の特徴は「第一に夫婦間性行動、売買春、婚姻外性交（不貞、不倫）、婚姻前性交（純潔）、オナニー、同性愛といったセクシュアリティの文節化が確立する…（中略）…第二に、婚姻内の性のみが極大に正当化され…（中略）…そして第三に、売買春、婚姻外性交に対する道徳的罪悪視が強まり、純潔（処女・童貞）規範が強化され、オナニーが医学的に有害視され、同性愛が変態性欲視されるといった具合に、婚姻外の性に対する規制が強化されることである」と述べている（赤川 1999: 289）。本章では、このような「セクシュアリティの近代」の秩序を近代家族との関連で取り上げるために、その特徴のなかで、性は婚姻のみによって正当化されること、特に婚姻前性交に対する道徳的罪悪視（純潔概念）に焦点を当てる。

もちろん、婚姻外・婚姻前性交を罪悪視する「セクシュアリティの近代」と近代家族との関係性は欧米においても強く働いていたし、純潔概念の登場が近代日本の独特な現象であるわけではない。前章ですでにみたように、「純潔」はヴィクトリア朝道徳でもあった。しかし、近代家族の誕生をみた十九世紀のアメリカにおいては、純潔概念は存在していたものの、「恋愛結婚」も、またかなり自由な男女交際（コートシップ）も、一般的であった。したがって、比較の観点からみた場合、近代家族の形成期や隆盛期においては、米国では男女交際は純潔概念と共存できたのに対して、それが、なぜ日本では相互排除的な存在として捉えられたのかという問題が浮かび上がる。本章ではこのような問題関心により、日米比較を中心に、近代家族が成立した時期における男女交際と純潔概念に考察を加える。

「清潔なる男女交際」の理想

明治時代においてはすでに『女学雑誌』で「ホーム」や「恋愛結婚」を主張する者は、男女交際は必要でありながらも危険である、というジレンマに直面していたことはすでに指摘したとおりであるが、そのジレンマの解決策として、女学生との付き合いにふさわしい「清潔なる男女交際」という概念が「男女間の清徳」という社説に登場する（『女学雑誌』明治二十二年六月二十九日一六八号）。それによって、原則として、女学生を対象とする「清潔なる男女交際」とそれに基づく「恋愛結婚」を通じて、「ホーム」が出来上がるというロジックが成立する。

しかし、「愛」を求めて、若い男性が女学生などの素人女と接する場合、どのように接したらいいのかというのは決して明白ではなかった。巖本善治や北村透谷などの明治知識人の記事によって、「愛」という訳語を通して、「恋愛」は『女学雑誌』の中心テーマの一つとなっていったが、「愛」という新しい概念と既存の性愛観との区別を明確にするために、またはその対立において「愛」の優位を強調するために、愛において精神と肉体を分離する言説が用いられることになる。たとえば、「色情愛情辨」と題する投稿には、「『ラッブ』は高尚なる感情にして『ラスト』は劣等の情欲なり」というように語られる。「ラブ」は「愛情」に、そして「ラスト」は「色情」に対応しており、色情は「俗語に『色』『恋』などと云ふ言あり」というが、「余は飽く迄是等の語と『愛情』と云ふ聖語を混同せざらんことを望む」と述べられている（『女学雑誌』明治二十四年二月二十八日二五四号、二十二頁）。また、花柳界にみられるような婚姻外に存在する「色」と違って、「愛」の到達点は結婚であるとされたため、愛の相手は妻になるのにふさわしい「教育のある」女性であるべきだと考えられた[4]。そのため、明治期の作家の多くは「芸娼妓」対「教育ある子女」という図式を用いながら、「教育ある子女」との「清潔なる男女交際」の可能性を模索していった（佐伯 1997: 28）。

明治時代の文学作品にみられる「清潔なる男女交際」のパターンの特徴は、その出会いが「学問」を契機としている点である。佐伯順子によると、「男性が女性を指導し、それが交際の契機になる」というのは「鷗外の『舞姫』を経て、田山花袋の『蒲団』や森田草平の『煤煙』にまで至る、男性＝師、女性＝弟子という、男女関係の源をもなしている」のである（ibid.: 70）。また、第三章で明らかになるように、大正期には、学問を媒介とした男女交際というパターンは『主婦之友』の読者からの投稿にも登場する。本書ではそれを「教養型男女交際」と呼ぶが、男女交際が「教養」や学問を軸としたことのほかにも、もう一つの大きな特徴をあげることができる。それは、女性は男性の相手のことを「兄のように」思っている傾向がみられる、ということである。つまり、恋人同士の関係としてではなく、兄と妹のような関係として語られるわけである。それはいかにも「潔白」な関係である。

このような関係がそのうちにロマンティックな関係に発展していく場合においても、それは身体的接触を排除した精神的な関係として語られるのである。

男女交際におけるあらゆる身体的接触の排除は大正期に形成された「純潔」の規範の一端である。「結婚前の恋愛について」という記事のなかで、倉田百三は「結婚前に純潔でなければならぬといふとき、其れは如何なる意味のものとなるべきであらうか」という問題を取り上げているが、倉田は「接触を許す事は、たとひそれが単なる握手であってもなほ純潔を害する」（『婦人公論』大正十四年八月号、五頁）とまで言い切っている。後ほど明らかになるように、欧米と対比される場合、あらゆる身体的接触の排除は日本の純潔概念の特色として浮かび上がるのである。

「純潔」はまた、大正期の女性にとって、押し付けられた規範というよりは、逆に、自らが追求すべき価値にまで至った。しかも、牟田知恵はこのような女学生の純潔規範の内面化を新中産階級の階級的差異化戦略として捉えている。牟田によると、「性的禁欲、貞節の道徳規範は、新たに形成されはじめた中産階級にとって自らのものとすべき文化であった。彼らのアイデンティティ形成にとって下層民衆の『猥雑』さや『卑俗』さを否定することは当然の要請であった」という（牟田 1996b: 82-83）。

その要請は、田舎の村を出て、かつての農村共同体から遠くはなれて女学校に入学した女にとって、特に必要であると痛感されたと推測できる。一事例として、「私の選んだ理想の良人」という『主婦之友』に掲載された体験談をあげることができる。その体験談によると、投稿者「英子」は秋田県の村の裕福な農家の娘であり、彼女は東京の女学校の夏休みに家に帰ると、縁談の話を持ち出される。

彼女の結婚相手の候補者は二人おり、父親の提案で二人の候補者と家族とが一緒に旅行をすることになったが、面白いことに、夜になると二人の候補者はそれぞれ夜這に挑戦する。それに対して、彼女はこの二人の青年の行為に、「心底から反感を抱かずにはいられませんでした」と言い、「『処女を侮辱するも甚だしい行為』として彼等と話をするのも汚らわしいように思いました」(「湖畔に芽ぐんだ初恋のその人」『主婦之友』大正十四年四月号、四十七頁)と憤慨する。また、彼女は「昔から村の慣例になっているにもせよ、新時代の教育を受けている私としては、このような不徳義の醜行を、あくまでも呪詛しないわけには行きません」(ibid.)というように、彼女自身の村の文化や性システムからいかにも距離をおいた、女学生あるいはリスペクタビリティを備えた近代的女性としての自己イメージを強調している。大正期の女子教育の量的拡充は著しいものであるが(小山 1992)、その裏にあるのは新中産階級の登場である。英子のように、地方から女学校に入ったものは自分の出身の家の文化とは切り離された「最先端の文化」(広田 1991: 147)を内面化すると同時に、自らを差異化することになった。

共同体的男女交際から近代的男女交際へ

夜這

先の体験談でみた「夜這」は、厳密に言えば、伝統的な夜這とは異なるが、日本の伝統共同体における配偶者選択の措置であった夜這の名残だと言ってよいだろう。村の婚姻制度では、夜這などに代表される「自由交渉」が許されていたことは周知のことである。もちろん、「自由」といっても、それは乱交的なものではなく、むしろ、交渉は若者組の統制下におかれ、慣習は村によって異なるが、それなりのルールがあった。若者・娘仲間に入ってから結婚するまでの間、家を出て宿に泊るのが一般的であったが（瀬川 1972: 271）、娘宿のない村では、若者が娘のいる家へ夜這に出かけたし（赤松 1993: 177）、一般的に、「ナジミ」ができるまで夜這をし、ナジミから婚姻に入るということが多かった。このように、近代に入る以前の日本において、人口の八割を占めた農民のなかで、配偶者選択の措置として、婚前の性交渉を含む男女交際の制度が存在したのである。

しかし、前近代の村の性システムにおいてこのような男女交際の型が存在したにもかかわらず、それは近代的な男女交際の土台を供給することにはならなかった。まず一方で、明治政府は欧米人の目に野蛮的に映ることをおそれ、夜這を含む性に関わる民衆の習俗を次々と廃止していった。そして、明治三十年代以降、若者組と娘組の解散が明治政府によって命じられることになる（上野 1995: 66-67; 牟田 1996c: 79-80）。他方で、農村への貨幣経済の導入によって、「遠方婚」や戦略的な結婚がはじめて可能になる。そのなかで娘の「道具」としての価値が高くなり、またそれにともなって、処女性や貞操が重視されるようになる。このように、それまで上層部に限られていた「見合結婚」、またはそれまで上層部に限られていた貞操観念が庶民にまで広がるようになったのである（上野 1995: 65-66）。さらに、花柳界を領域とする「色」における男女間の法則が女学生との付き合いに当てはまらないと考えられたと同じように、夜這などの村の性文化も性交渉を含むため、「純潔」の規範には明らかに相容れないものであった。

バンドリング

アメリカの伝統社会にも、配偶者選択過程において身体的接触をともなう婚前の男女交際の習慣が存在し、それは「バンドリング」(bundling) と呼ばれた。バンドリングは十七世紀から十九世紀のはじめ頃にかけてアメリカの東海岸で行われ、その隆盛期は一七五〇年から一七八〇年までであると思われる。バンドリングはまた同時期にヨーロッパのイギリス、ウェールズ、スコットランド、オランダ、スカンジナビア、スイス、フランスにもみられた習慣であり、地域によってその習慣の詳細は異なるが、基本的にバンドリングとは男女一組が服を完全に脱がずに一夜を一緒にベッドで過ごすという求愛行動 (courting custom) であった (Rothman 1984: 46; Stone 1977: 605-606)。そして、比較の観点からみた場合、バンドリングの注目すべき特徴は、男女の身体的接触を許しながらも性交を許さないことにある[5]。本章の知見の一つは、アメリカの場合は、近代的な男女交際――コートシップ――に現われるハビトゥスとでも呼ぶべきものの起源を伝統社会における男女交際の形態にみることができるということである。アメリカの十九世紀のはじめ頃にはバンドリングはほとんどなくなっていたが、その特徴である制限的・段階的身体的接触という規範はそれ以降の男女交際の特徴であり続けたのである。

本章のはじめに述べたように、「純潔」はヴィクトリア朝道徳であり、アメリカの十九世紀の「真の女」の属性として捉えられ、女性のアイデンティティを形成する美徳の一つとなっていた。そのために、公共の史料に基づいた「純潔」の発言をもとに、性的表現そのものは十九世紀において抑圧され、蔑視されたとしばしば判断されてきた。しかし、中産階級の家族が残したラブレターや日記などの史料をもとにしたデグラー（C. Degler）、ロスマン（E. Rothman）、リストラなどの近年の社会史研究の優れた業績によって、性的表現は実はロマン主義的愛の言説のなかで肯定的に捉えられ、婚前の男女交際の一部でもあったことが明らかになってきた。中産階級においては、つきあっているカップルがしばしば散歩したりするなど、二人きりになる機会はいくらでもあったし、また、家の中での男女交際――すなわちコートシップ（courtship）――は必ず娘の家の客間（parlor）で行われていたが、そこには親の監視はなく、むしろ、男性が娘を訪問する際、二人にプライバシーを与えるために家族がしばしば出かけることにしたという（Rothman 1984: 54）[6]。

しかし、性的表現が男女交際の一部であったものの、性交（＝coitus）そのものは男女交際から排除されていた。つまり、身体的接触それ自体は純潔に反するものとされたわけではないので、性交とそれ以外の身体的接触との区別は非常に明確に認識されていた。したがって、十九世紀のアメリカの純潔規範は、「それが単なる握手であってもなほ純潔を害する」というような大正期の純潔概念と大きく異なる要素を含んでいたと言える。また、十九世紀の婚前妊娠の数の低さからもわかるように、当時の若者はその純潔の規範を遵守していたと推測できる[7]。

ロスマンは十九世紀の男女交際の特徴である婚前の性的行為の範囲から性交の排除を「ペッティングの発明」と呼んでいる（Rothman 1984: 54）。ペッティングは二十世紀の前半のアメリカにみられる性愛技法として知られているが、橋爪大三郎が説明するように、「ペッティングは、誤解してはならないのだが、あくまでも禁欲の手段である」（橋爪 1995: 171）。性的放蕩や放縦としばしば関連づけられる「ペッティング」は、なぜこのように「禁欲の手段」と呼ばれているのか。それは、ペッティングが「性交渉の手前で踏みとどまり、それを回避」するための性愛技法だからである（ibid.）。ロスマンが十九世紀のコートシップの性愛表現の範囲から性交渉そのものの排除を「ペッティングの発明」と呼んだのはそのためである。しかし、逆に、それはバンドリングの残存とも言える。アメリカの十九世紀の「純潔」概念が婚前の男女交際における身体的接触と共存できたのは、当時のアメリカの中産階級が、それ以前の共同体の男女交際の性規範にかかわるハビトゥスの一部を吸収したからではないだろうか。しかも、そのような規範が若い男女に内面化されていたからこそ親の監視は不必要であるとされていたとも推測できる。

デグラーはアメリカの「近代家族」の形成期をアメリカの独立革命の年の一七七六年から一八三〇年までとみており、大体十九世紀、あるいは、アメリカのヴィクトリア朝を「近代家族」の隆盛期として捉えているが、それは二十世紀の後半まで続いたという。また、アメリカ型の「近代家族」の特徴の一つは「結婚は愛情と尊敬を基準にした自由な配偶者選択に基づいており、しかも、その後の夫婦関係も同じく愛や尊敬の念を特徴とする」という（Degler 1980: 8-9）。つまり、アメリカの場合、近代家族の登場と「恋愛結婚」の登場は同時期であった。「愛―性―結婚」の三位一体という、上野千鶴子の言う「近代のロマンチックラブ・イデオロギー」（上野 1987: 149）もこの近代家族と表裏一体となっていたため、結婚は恋愛によって正当化されると同時に、性交渉は結婚に独占される仕組みとなる。だが、恋愛結婚を実行するためには、自由な男女交際の期間が必要となる。すでに性交を排除する性愛技法が存在したアメリカでは、そのような自由な男女交際は「純潔」を脅かすことにはならず、男女交際そのものは危険視されなかったのである。また、近代家族が崩壊しはじめる一九七〇年代までは、このような男女交際の形態にも、「愛―性―結婚」の三位一体のイデオロギーにも、またこのような純潔概念にも、根本的な変化はなかったと言ってよいだろう。

デーティング

もちろん、婚前の男女交際の形態、もしくはセクシュアリティの規範に、変化がなかったわけではない。たとえば、二十世紀に入ると、公共な場で行われる「デーティング」(dating)がコートシップの中心となる。「デーティング」ではもてることが目的である。つまり「デーティング」とは多数の人とデートをし、それによって「人気」(popularity)を対象とする戦略的なゲームでもあった(Bailey 1988)。人気が高ければ高いほど、配偶者選択圏の範囲が広がるからである。配偶者にふさわしい相手に出会う時点では、「ステディー」となって、結婚を前提とした付き合いがはじまる。この時期にまた、結婚式が終わってからではなく、婚約の時点で処女を「捧げる」女性が増えたが、婚約に至るまで「純潔」を保てなかった女性にはスティグマが付くことによって嫁としての価値がなくなり、「デーティング」というゲームでは負けることになる。したがって、男女交際の形態上このような変化があったとはいえ、性交そのものが婚姻に独占されていたことには基本的な変化はなかったのである。そして戦後、婚前の男女交際の形態がふたたび変化する。第二次世界大戦で約二十五万人の男性が戦死したほか、約九万人が戦地の外国から嫁をもらってきたことなど、戦後の男性不足をきっかけに、女性には「デーティング」というゲームを楽しむ余裕がなくなり、ますます、できるだけ早い時点で「ステディー」の相手を見つけることに重点がおかれるようになった（ibid.; Zeldin 1994）。だが、純潔の規範自体には根本的な変化がなく、「愛―性―結婚」の三位一体はそのまま一九七〇年代まで維持されることになる。

女の純潔と男の自制

ここまでは純潔概念を女性との関係で論じてきた。それは、日本でも、アメリカでも、「純潔」は特に女性のアイデンティティとの関連が強かったことや、また、純潔や処女性が近代家族における結婚の条件となることによって、女性のライフ・コースを決定する大きな要因となったからである。男性の場合、近代家族の形成期、またはその隆盛期の間、日本でも、アメリカでも、童貞が「望ましい」とまで思われることはあったとしても、それは男のアイデンティティに関わる問題ではなかったし、女性のように、男の純潔――すなわち童貞性――は結婚の条件とはなりえなかった。その意味で、純潔に関しては、二重基準（double standard）が存在したと言わざるをえない。

もちろん、「純潔」という規範が男性とは無関係だったというわけではない。前章でみたように、アメリカの「純潔運動」はもともと男性を対象とするものであったし、日本においても、男性の貞操を重要視する言説が存在した。赤川学によると、「一九二〇年ころまでには、少なくとも男性知識人の間では、貞操の二重基準は陋習とされ、貞操の男女平等を規範として唱道する言説が主流を占めていた」のである（赤川 1999: 51）。しかし、それでも、実質的な貞操の男女平等があったわけではない。たとえば、当時の婦人雑誌の投稿からもわかるように結婚後の夫の不倫（姦通）がしばしば女性の「煩悶」の原因となったものの、当時の法律では女性の不倫は許されていなかった。『婦人公論』の読者は「女の心得べき法律」という記事で、「有夫の婦にして他の男と姦通したる場合は、二年以上の刑に処せらるるのであ」りながら「有妻の男にして他の女と通ずることあるも、法律は之を罰していらぬ」ことを知らされた（「女の心得べき法律」『婦人公論』大正五年四月号、三十二頁）。

十九世紀のアメリカでは浮気を理由に、妻は離婚を求める権利を一応は有していたが、それでも、二重基準が存在していたことは事実である。しかも、その二重基準は「領域の分離」（separation of spheres）のイデオロギーに裏付けられていた。すなわち、女性の領域はホームであり、その役割は子どもの育成や夫の世話とされたが、「領域の分離」のイデオロギーは男女の社会的役割にとどまらず、男性と女性の「精神的」特性を強調する思想でもあった[8]。また、そのイデオロギーの登場によって、道徳や社会的義務など、それまでジェンダーと関係がなかった価値がジェンダー化された。たとえば、「世間」（the world）が男の領域とみなされるようになった時点から、「責任」（responsibility）が男にしか当てはまらない言葉になったし、「美徳」（virtue）は女性の貞操を意味するようになった（Coontz 1988: 263-64）。

「領域の分離」のイデオロギーでは、当時の人々が呼ぶ「真の女」（True Woman）は女性の理想であった。ウェルター（B. Welter）によると、「真の女」は敬虔（piety）、純潔（purity）、従順性（submissiveness）と家内性（domesticity）という四つの美徳を備えていると考えられた（Welter 1966: 152）。さらに、「純潔」はただ単に、性欲の抑制を意味するのではなく、むしろ、男性にある官能的な、本能としての性欲がそもそも女性にはないと考えられたのである(Seidman 1991)。

「領域の分離」を女性を抑圧する措置とみる歴史家もおり、たしかに、現在の立場からみれば、その抑圧的な様子は顕著である。しかし、家庭内でも女性が家長にしたがうというそれまでの状況と比べて、「ホーム」という「領域」が完全に女性の支配下に属するとする「領域の分離」のイデオロギーの普及は当時の女性にとっての地位向上につながったのである。また、当時の貞操に関する二重基準も、男の女に対する抑圧的な措置というよりは、女性が自ら受け入れたと考えられる。なぜなら、女性が純潔を独占することによって、男女間における女性の道徳的優越を主張することができたからである。赤川はこの現象を「性的縮小均衡戦略」と呼んでいる。つまり、それによって、「女性は…(中略)…性的に放縦な男性に対して優位に立ち、男女の平等を実現しようとするわけである」(赤川 1999: 312)。デグラーによると、当時のメディアで唱えられた女性の道徳的優越は、当時の男性の日記や手紙をみるかぎり、完全に受け入れられていたという(Degler 1980: 30)。また、サイドマンによると、「女性は、精神的な愛というイデオロギーに訴えることで、男性に自制を強いるための説得力のある理由付けを手にしていた[9]」。これは結婚生活でも性の主導権を女性に譲る結果を生むが、婚前のコートシップにも影響を及ぼすことになる。

女性と違って、男性には官能的な性欲の存在が認められていたので、性交を排除しながら制限的な身体的接触を含む当時のコートシップは男性にある程度の自制・自己統御を要求したと思われる。だが、当時の男性にとって、自制とは女性に強いられると同時に、男性が自ら求める、男らしさを象徴する美徳であるとされていたのである。十九世紀においては、自己抑制できる人間とそれができない人間という軸を中心に、自らを階級的に差異化しようとする動きを中産階級の間にみることができる。モッセ（G. Mosse）は、ナショナリズム（国民主義）とセクシュアリティの統制の関係に、リスペクタビリティという言葉に代表される中産階級に生まれた価値観が果たす役割を強調する。ヨーロッパにおける中産階級の価値観、「リスペクタビリティ」がセクシュアリティの統制を通して、一方では下層階級へと、他方では上流階級へと広まっていく過程のなかで、自己統制能力＝男らしさという等式が出来上がるのである（Mosse 1985）。その歴史的過程がそのままアメリカに当てはまるかどうかは疑問だが、リスペクタビリティがアメリカの十九世紀の中流階級の理想であることはたしかであり、自己統制能力が中産階級の男性の「成功」にとって必要不可欠だと思われていたことも明らかである（D'Emilio/Freedman 1988: 68-72）。このような自己統制能力が試された場の一つが「純潔」な中流階級の女性とのコートシップにほかならない。

しかし、アメリカでは自己統制によって性欲の統御や抑制が可能であり、特に困難なものではないと思われていたのとは対照的に、近代家族が形成される時期の日本では、抑制できないものとしての「性欲」の言説が主流となった。近代日本のセクシュアリティに関する言説の変遷を辿った赤川によると、欧米の場合と違って、「性欲の自己統御を『文明化』の進展や『男らしさ』の確証と結びつけるような言説は、管見のかぎりでは、日本ではほとんど存在しない」という（赤川 1999: 232）。むしろ、日本では、明治末期から大正期にかけて性欲に関する雑誌の記事には「性欲抑制の困難」といった言説が勢力をもつ。その言説では、「性欲は身体の内側から『発動』し、それは『押さえがたく』、『はけ口』を求め、どこかで『満足』（＝処理）されねばならないものとして観念されている。特に男性性欲に関して、このような前提が用いられることが多い」という(ibid.: 183)。このような「性欲抑制の困難」という言説の普及が「純潔」概念が定着しているところでは、男女交際は危険・不可能であるという見解を補強したと推測できる。

「純潔」の規範の成立は、これまでみてきたように、日本でも、アメリカでも、近代家族の成立と同時期であった。もちろん、日本にも、アメリカにも、それまでにも両国に貞操観念は存在していたが、日本の大正期やアメリカの十九世紀に成立した純潔概念はそれとは異質であると思われる。新たな純潔概念は女性に押し付けられたものというよりも、女性が自ら求めたものであり、また「ホーム」という新しい家族概念と表裏一体をなす新しい女性像を裏付けるように働いたのである。

「ホーム」の一つの特徴は愛のある夫婦関係であったし、アメリカの近代家族は最初の段階から恋愛(romantic love)に基づく自由な配偶者選択を土台とした。そういった自由な配偶者選択を可能にしたのはコートシップという自由な男女交際の社会的制度であった。日本でも、「清潔なる男女交際」を通じて、恋愛結婚に基づく「ホーム」が出来上がるという言説は明治期から存在した。それに、大正期の大衆婦人雑誌の体験談などからもわかるように、「清潔なる男女交際」と呼ぶにふさわしい男女交際のパターンがなかったわけではない。しかし、恋愛結婚は理想として普及していたものの、社会全体の男女交際への寛容度合が低く、男女交際が社会的制度にまで発展しなかった。男女交際に対する社会の不寛容の背後にあるのは、自由な男女交際が女性の純潔を脅かすものであるといった、男女交際を危険視する姿勢である。

アメリカでは自由な男女交際と純潔概念とが併存できたのに対して、日本では相互排除的な関係にあったと思われるが、これまで、その違いに関連する二つの要因に触れてきた。第一に、アメリカの十九世紀のコートシップにみられるハビトゥスの起源がバンドリングという伝統社会における男女交際の形態にあるという観点から、その特徴である制限的・段階的身体的接触は十九世紀の男女にとって自明であったと考えることができる。その脈絡のなかで、「純潔」に反するのは性交そのものであり、性交に至らない制限的身体的接触は「純潔」に反しないとされたため、親密性を身体的に表現する性愛技法が発達したが、それらは「純潔」を脅かすものとみなされなかったのである。しかし、日本では、このように男女間の性交を含む身体的接触とそれを含まない身体的接触といった区別を認識させる基盤がなく、大正期にはあらゆる身体的接触が純潔に反するものとして危険視されたのである。そして第二に、男の側の問題として、十九世紀のアメリカでは男と女が二人きりになっても、男にとって性欲を抑えることがそれほど困難なことではないという言説が一般的であったのに対して、大正期の日本では「性欲抑制の困難」という言説が勢力をもっていた。その意味で、大正期の日本において、自由な男女交際が危険視されたのも無理はないことである。

Ⅱ　恋愛至上主義の時代

第三章　恋愛至上主義の栄光と陥穽

恋愛と結婚とが表裏一体をなすという思想はロマン主義的愛の特徴として英国で成立し（Luhmann 1986）、アメリカで発展していったことはすでに述べたとおりであるが、ルーマンが指摘するように、結婚がロマンティック・ラブに基づくものでなければならないという理想がすぐさまヨーロッパ大陸へ影響を与えたわけではない。その背後には、ロマンティック・ラブの理想の「致命的な弱点」があった、とルーマンは言う。すなわち、結婚するためには女性は貞操を保つ必要があったにもかかわらず、このロマンティック・ラブの要請――つまり結婚する前に、恋に落ちなければならないにもかかわらず、性交は結婚に独占される――というのは、ルーマンに言わせれば「偽善」を招くことになった（Luhmann 1986: 114）。アメリカではロマンティック・ラブが発達していったものの、フランスへの逆輸入など、このいわば「純潔」の要請はロマンティック・ラブのヨーロッパ大陸への普及を困難なものにした。日本においても、ロマンティック・ラブの理想が導入されて以来、この「偽善」は大きな障壁としてあらわれた。

日本では「恋愛」を礼讃する声は明治期からあったし、大正期に入ってからはさらに勢いをもつに至った。しかし、「恋愛」を通じて結婚相手を決める場合には交際期間が必要となるため、「男女交際」に関する議論もこの時期に活発となった。というのは、性的「純潔」が重視される場合は、婚前の男女がつきあうべきかどうか、もし許すとして、親などの監督のもとに行うといった制限を設けるべきかどうかなど、「男女交際」にはかなり厄介な問題がつきまとう。ロマンティック・ラブの理想にこのような解決しがたい問題をともなうことは、ルーマンに言わせれば、ロマンティック・ラブという理想そのものの「致命的な弱点」である。

日本においては、この「弱点」は明治期から「男女交際」に関する多くの議論を巻き起こした。『女学雑誌』では「恋愛」は独立的に存在するテーマではなく、「家庭・ホーム」の言説と不即不離に結びついていたため、「恋愛結婚」あるいは「自由結婚」を媒介にして「家庭」・「ホーム」が出来上がるという図式にあいまって、「男女交際」の必要性を唱える声があがる。しかし、「男女交際」の主張は最初からアンビバレントなものであった。たとえば、前章でみたように「男女交際論—其危険」という『女学雑誌』の社説には「男女交際は、天の使にして亦悪魔なり」と書かれている（社説「男女交際論—其危険」『女学雑誌』明治二十一年七月十四日一〇八号、一七六頁）。男女交際は必要だが、危険である、という例のジレンマである。[1] 大正期に入ると、恋愛至上主義の影響の余波で「男女交際」に対するアンビバレンスはさらに顕著となる。しかしそれにもかかわらず、恋愛至上主義が普及していく。そのプロセスを考察するのが本章の課題である。

その過程を明らかにするために、まずは大正期の恋愛至上主義に焦点を当てながら、同時期の『主婦之友』および『婦人公論』という大衆婦人雑誌にみる恋愛結婚と男女交際の言説を考察する。[2] さらに、それらの言説を通して、恋愛至上主義のレトリックや恋愛結婚の理想が受け入れられうる範囲——すなわちアクセプタビリティ(field of acceptability)——とその背後にある意味論的変容(semantic transformation)のプロセスを問題とする。[3] ここでいう意味論的変容とは言説におけるキーワードの意味が変容する過程のことを指すが、言葉や表現が曖昧なほど、意味論的変容の余地があると言える。外発的な近代化を急激に強いられた日本の場合、大量の外来的思想が取り入れられた過程において、キーワードとしての役割を果たした訳語や表現の意味がどのような変容を成し遂げたかは重要な課題である。本章では「恋愛結婚」と「男女交際」という表現を中心にその意味論的変容に注目しながら、恋愛結婚言説を検討していく。

『婦人公論』と『主婦之友』の読者層と特徴

本書で参考にする『婦人公論』(大正五年創刊)と『主婦之友』(大正六年創刊)はほぼ同時期に創刊された大衆婦人雑誌である。そのほかに、同じく大正期に広く読まれた婦人雑誌として『婦人界』(明治四十三年創刊)、『婦人世界』(明治三十九年創刊)、『婦人倶楽部』(大正九年創刊)などがあるが(前田 1989)、婦人雑誌を普及させた要因として、中等以上の女子教育の拡大によるリテラシーをもつ女性の増加をあげることができる。たとえば、明治四十三年には女子の高等女学校在学者数は五万三七二人であるが、その十年後の大正九年の時点ではその数は十一万五八五九人、約二・三倍となり、大正十五年の時点ではもうすでに二九万四三三人、約五・八倍にまで及んでいる（小山 1991: 97-98）。その著しい量的拡充の裏に新中産階級の登場があり、また、婦人雑誌の発行部数の増加は、大正期から著しい発展をみせた新中産階級の構成とほぼ一致している。

伊東壮は、第三種所得税納税者実数からの推計をもとに、明治三十六年には五〇〇～五〇〇〇円の年収がある「中産階級」が全世帯に占める比率は二・三八％にすぎなかったが、徐々に増加して大正六～七年には五～六・五％に達し、大正末年までには一一・五％に達したと言っている。また、有業人口統計からの推計では、「大正九年の『新中間階級』に属する就業者の全就業者に占める比率は大体七～五％である」という。さらに、文部統計からの推計では大正九年に中等教育を受けた者の比率が同じく五～七％であるという。伊東によれば、中等教育以上の教育を中学校、高等女学校、実科高等女学校、甲種実業学校、乙種実業学校、師範学校、高等専門学校、大学として捉える場合、その十五～十九歳年齢人口に対する中等教育（以上の）在学者率は明治四十四年では五・九％、大正三年では六・二％、大正六年では七・五％、そして大正九年では九・二％であると計算している（伊東 1965: 183-186）。大正の末年までには、高等女学校卒業者は同年齢の女子人口の約一〇％に達し、前田愛が指摘するように、「大正時代のいわゆる『新しい女』を産み出した基盤は、この中等教育の機会に恵まれた新中間層の女性群」であった。大正十四年には、「中等階級」を年収八〇〇～五〇〇〇円のあるものとして捉えると、その割合は一一・五％となる。大正十四年の全世帯数は約一二〇〇万であるため、そのなかの「中等階級」に属する世帯は約一四〇万である。そして大正十四年の婦人雑誌の新年号発行部数はそれとほぼ合致した一二〇万部である（前田 1989: 155-159）。

大正期の婦人雑誌の発行部数をみると、『主婦之友』は全雑誌中の首位を占めており（木村 1988）、『主婦之友』にみられる特集記事のテーマや形式は『婦人公論』以外のそのほかの婦人雑誌とほとんど変わらないものであったので、『主婦之友』は大正期の大衆婦人雑誌を代表するものであるとみなしてもよいだろう。それに対して、『婦人公論』の読者層は高学歴女性やそのほかのインテリ層に限られていたと推定できる。その規模を把握するためのデータとして、大正八年には、『中央公論』の十二万部に対して、『婦人公論』は約七万部を印刷していたと推定される（前田 1989: 155）。大正十三年に、東京市社会局が教師、タイピスト、事務員、看護婦、電話交換手を対象にした『職業婦人に関する調査』を出した（川村 1993: 30-32）。それによると、女性雑誌購読者の八四一名のうち、『婦人公論』は一九六名で首位を占めている。その次に、『婦人界』一八一名、『主婦之友』一四四名、『婦人世界』八十六名、『女学世界』、『女性』、『婦人之友』はいずれも五十名以下となっている。しかし、この結果をみる時に忘れてはならないのは、高等女学校の卒業生の約十数％しか職業婦人にならなかった（小山 1991: 100）ということである。しかも、それは、社会的意識の高い、進歩的な女性たちが多かったと思われる。

『婦人公論』と『主婦之友』にみられるそれぞれの女性像を「個人主義」対「家族主義」を軸に比較している研究はあるが[4]、それを軸にするとかえって誤解を招く恐れがある。つまり、『主婦之友』に現われる良妻賢母像を儒教道徳に基づいた思想として捉えると、それは「家族主義」の表れとして解釈せざるをえないが、小山静子（1991）が論じているように、良妻賢母を儒教的な家父長的家族制度に基づいたイデオロギーというよりは、近代的な思想とみる方が正解であろう。そして『婦人公論』には、西洋思想の影響を強く受けた、個人主義を説く寄稿者がたしかに多くみられるが、『婦人公論』は高級のインテリの婦人雑誌を目標にしていただけに議論が活発であり、寄稿者のほとんどは地位の高いインテリであり、それぞれの政治的・社会的状況に関する見解は実に多種多様であり、そこには個人主義をまるで社会の敵であるかのように捉えている保守的な論者の意見も十分に代表されている。

婦人参政権の獲得などの社会問題を中心テーマにする『婦人公論』と「家庭」を主に問題にする『主婦之友』を比較する場合において、「個人主義」対「家族主義」という図式よりも、むしろ「公領域」対「私領域」を軸にすると対比しやすいであろう。しかも、メディアとしてのコミュニケーション様式さえも、「公」と「私」という範疇によって区別されうる。つまり、『婦人公論』は当時のインテリに公論の場を与えたのに対して、『主婦之友』の内容の多くを占めている体験記事や告白などは「私的なコミュニケーションの形式」（前田 1989: 185）をとっているのである。

『婦人公論』にみる恋愛結婚言説と男女交際論

大正十年から勢いをもちはじめた恋愛至上主義の言説を区切りに、大正年間の『婦人公論』における恋愛に関する言説を二つの時期にわけることができる。本章では大正十年までの言説を友愛結婚型「恋愛結婚」言説と呼び、大正十年以降の言説を恋愛至上主義型「恋愛結婚」言説と呼ぶ。

友愛結婚型「恋愛結婚」言説と男女交際論

早期離婚のほかに、明治時代の離婚の主たる特徴はその離婚率の異常な高さであった（玉城 1968）。大正期には日本の離婚率は下がりつつあったが、まだそれでも「文明国中、最も離婚数の多い国」と意識されていたのである（本間久雄「結婚難・離婚難及び其救治策」『婦人公論』大正八年一月号）。そのため大正六年以降の『婦人公論』では、離婚などの「家庭悲劇」を防ぐために結婚制度の変革が提唱される。つまり、温かい「家庭」を維持するためには、「恋愛結婚」や夫婦の「恋愛の生活」が必要とされる。しかし、そこで言う「恋愛結婚」はわれわれの言う自由な配偶者選択に基づいた結婚を意味するものではない。配偶者選択において少しでも当人の意思が尊重されると、それは「恋愛結婚」と呼ばれる傾向があり、また完全に親に決められた見合結婚の場合でも、その後、夫婦間に多少の愛情が生まれてくると、それも「恋愛の生活」と呼ばれる傾向がある。本章ではこれを友愛結婚型「恋愛結婚」言説と呼ぶことにする。

ここで言う「友愛結婚」(companionate marriage) という用語はストーン (L. Stone) から借用したものである。[5] 一五〇〇年～一八〇〇年の英国における結婚の変遷を分析したストーンによると、家庭内の家父長権の力が低下すると同時に、妻が夫に服従するというそれまでの家庭のパターンと違った、妻と夫とのパートナーシップを特徴とするような、夫婦を友情や愛情で結びつける「友愛結婚」が求められるようになったという。そして、「友愛結婚」の興隆は配偶者選択の基準の変化にも反映される。つまり、個人の幸福や夫婦の愛情を優先させる立場から、配偶者選択における意志決定権が次第に両親から結婚する本人に移行されるに至った。ストーンによると、英国の貴族や中産階級の上層部において、一六六〇年までには配偶者選択過程における変化がみられた。すなわち、当時はまだ親が自分の子どもの配偶者を決めてはいたが、以前よりは、子どもの幸福を重視するようになったために、子どもに拒否権を与えるようになっていた（Stone 1977: 272）。それが「友愛結婚」のはじまりであり、大正期の新中産階級における「見合結婚」にほぼ相当すると言えよう。

現在で言う「見合結婚」の最大の特徴は、最終的に意志決定権は結婚する本人にある、ということである。しかしそれは現代的な「見合」の特徴であり、いわゆる「見合結婚」の内容は時代とともに変容してきたものである。生田長江は「恋愛と結婚との関係を論ず」と題した記事のなかで、大正六年当時の「見合の進化」について語っている。生田によると、「見合も家族主義全盛の時代にあっては、ほんの形式的なもの」であったにすぎないのに対して、「家族主義から漸く家庭主義へ推移して来ている今日では、どんなつつましやかに育てられた処女といへども、好きと嫌ひとの二に一を言ふだけの権利を与えられ、また其権利を行使しています」という（「恋愛と結婚との関係を論ず」『婦人公論』大正六年十一月号、十五頁）。つまり、見合において当人に拒否権が与えられるようになったということである。それは画期的な変化であり、先に述べたように、結婚する当人に拒否権を与えるのはストーンの言う「友愛結婚」の特徴でもある。

「友愛結婚」への移行は「近代家族」と呼ばれる家族形態の登場を表していると思われる。家族社会学においては、戦前日本の家族形態を家制度に代表されるような「伝統的」なものとして捉え、戦後の家族形態を「近代的」なものとして捉える通念が長く続いたが、近年、その通念が崩れはじめ、大正期の新中産階級には「伝統的」な「家」型の家族と異なる「家庭」型の、「近代的」と呼ぶにふさわしい家族形態がすでに成立していたと唱える者が多くでてきた[6]。

生田の用語は、近年の家族社会学の研究者のそれとは異なるが、主張内容の要点は大差ないと言ってよいだろう。たとえば、生田は「今日にあっては、大家族が少なくなって小家族が多くなって来ているのみならず、それらの家族には、所謂家長権が事実上滅亡に帰しているのであります」と指摘し、新しい小家族形態を「家庭」として、またその近代的心性を「家庭主義」として語る。要するに、「今日我が日本の社会に於ける実際をみまするのに、少くとも都会に於いては、少くとも教育ある階級に於いては、少くとも四十代三十代位の人々の間に於いては、先祖の御位牌が物を云ふような馬鹿げた事は見られなくなって居ります。『家の為の人』といふような理屈は通らなくなって居ります」と指摘し、それは「即ち家族主義はいつの間にか家庭主義に変わって来て居ります」と述べている（「恋愛と結婚との関係を論ず」『婦人公論』大正六年十一月号、十三頁）。本章で言う友愛結婚型「恋愛結婚」言説のアクセプタビリティの地盤と成りうるものを与えたのは大正期の新中産階級の間から登場したこの「家庭」型家族の出現にほかならない。

生田によると「家族主義時代の結婚が、他のあらゆる事と同様に、専ら家の為に都合よくなされる」のに対して、「家族主義から一歩一歩家庭主義の方へ近づくにつれて、家と家との結婚が人と家との結婚へ、それから人と人との結婚へ推移して参りました」と説明する。だが、「人と人との結婚」は「自由結婚」や現在で言う恋愛結婚を意味するのではない。つまり、それは「当人達の幸福の為の結婚と云ふに止まり、当人達の自由にとりきめた結婚と云ふのでありません。何が当人達にとって幸福であるかは、周囲の者、特に家族の者が決定するのであります」という（『婦人公論』大正六年十一月号、十五頁）。

「友愛結婚」のモデルに合致するのは「男女交際の不自由」を論じた島中雄作の論説である。「結婚の条件が恋愛にある事は今さら言ふまでもない事である」と断言する島中は、「現在、日本の、恋愛を抜きにした富籤結婚が幾多悲惨な実例を生んだのは数え切れない程である」と嘆く。しかし、そうかといって、島中は男女交際を全面的に奨励するのではない。「今日の青年男女を自由に交際させるのは、馴らされない暴馬を荒野に放つやうなもので、怪我過ちは馬それ自身に止まらないであろう」というように、男女交際を実践する以前に、「男子の正当なる向上を図らなければならぬ」と言い、男女交際のための教育や訓練の必要性を主張する（島中雄作「背面の敵二つ三つ」『婦人公論』大正七年四月号、五十一頁）。

このように、「恋愛結婚」の理想が必然的に男女交際論を引き起こす。大正年間の『婦人公論』の「男女交際」という表現方法には、大別すれば、三つの異なる意味を読みとることができる。すなわち、結婚している婦人とその夫を含めた男性との教養のある会話を行うという、①「社交」という意味での「男女交際」（social intercourse）、②配偶者選択過程において婚前の男女の付き合いという意味での「男女交際」（courtship）、③配偶者選択過程とは必ずしも直接的に関係を持たない、異性への理解を容易にすると思われる、幼時からの男女間の隔離を排除していくための、共学に代表されるような男女の社会的接触という意味での「男女交際」（integration of the sexes）という三つの使用法である。なお、②の「男女交際」（courtship）をさらに分類すれば、監督のもとでの男女交際と「自由交際」とに分けられる。

「男女交際」を①の「社交」の問題として語ることは福澤諭吉の「男女交際論」(福沢[1886] 1959)にまで遡る。しかし、『婦人公論』の「男女交際」の言説のなかで、「社交」という意味での「男女交際」という表現の使用は早くもなくなる。筆者が検討したおよそ八〇記事のなかで、この使用法を用いる記事は大正五年(浮田和民「大正新女大学その三」大正五年三月号、四十四〜五十頁)、大正六年(安部磯雄「恋愛を玩弄視する勿れ」大正六年四月号、二十四〜二十九頁)、大正七年(山田惣七「社交を解せずる日本婦人」大正七年十月号、六十二〜六十六頁)に一回ずつ登場し、その後、姿を消す。それ以降、②の意味での「男女交際」(courtship)と③の意味での「男女交際」(integration of the sexes)という二つの別個の意味での「男女交際」が共存する形で大正年間の『婦人公論』の紙面を占めていく。

友愛結婚型「恋愛結婚」言説においては「男女交際の自由」が唱えられる。しかし、その表現のもつ意味とは、多くの場合、実質的に監督者のもとでの交際のことをさす。たとえば、生田長江は結婚する当人たちに知り合う機会を与えるために、見合期間を長くすることを勧めているが、生田はそれを「青年男女の自由交際」と呼んでいる。あるいは、「男女交際の自由」を論じる帆足理一郎は「愛と理解と相互的尊敬に基づく結合であるならば、階級や富や家柄の相違など何等結婚の障害となるべきものではないと云ふことを徹底的の了解せしむべきは、殊に現代日本の社会事情に照らして結婚難を一掃する為の急務であるが、同時に男女交際の自由を適度に認めてやることも重要事である」と述べている(『婦人公論』大正九年三月号、二十二頁)。しかし、ここで言う男女交際の「適度」な自由とは、結局、監督者のもとでの交際にすぎない。概して言えば、この時期に「恋愛結婚」と呼ばれるものは現在で言う見合結婚にあたり、「自由交際」とネーミングされるものは見合結婚の一部であり、親の監督のもとで行われる交際のことをさす傾向がある。

大正十年：「恋愛結婚」言説の転換期

大正十年から「恋愛至上主義」が婦人雑誌において唱えられるようになり、「自由恋愛」や「男女交際」に関する議論が巻き起こる。大正十年十二月号の『婦人公論』の特集では、「大正十年間に続出した離婚事件家出事件」、「恋愛万能主義」、「貞操」、「自由恋愛」、「自由離婚」が問題とされた（「大正十年度頻出の男女関係の諸相を何とみる―社会の罪か、個人の責か、はた又時代の趨勢か」『婦人公論』大正十年十二月号、三十九頁）。それぞれ「離婚事件」、「自由恋愛事件」、「家出事件」と呼ばれるものは、ほとんどの場合、同じ事件を示す言葉であり、すなわち「白蓮女史事件」のことである。[7] この事件が大正十年に大きな論争を引き起こしたのは、おそらくその背景に、厨川白村のいわゆる「恋愛至上主義思想」がすでに話題となっていたからであろう。「白蓮女史事件」が朝日新聞に載ったのは大正十年十月二十二日〜二十三日であったが、その一ヶ月前から、厨川白村の『近代の恋愛観』が九月三十日から十月二十九日まで二十回連載され、大変な反響を呼んでいた（朝日新聞社 1979: 137）。

厨川白村によって語られた恋愛とは徹底した理想論であり、これまでみてきた友愛結婚型「恋愛結婚」言説を拒絶する。たとえば、厨川は「簡単なる見合ひ結婚からでも、後にはおのづから愛情を生ずると言ふ」が「忘れてはならない、その愛情は、最初何等の人格的精神的結合によらずして、純然たる肉体の性交から発足している」から、厨川はそれを「名づけて強姦結婚、和姦結婚、売淫結婚なりと云ふ」として、「見合結婚」を全面的に攻撃する（厨川 [1922] 1947: 55）。

結婚問題だけでなく、大正十年には男女交際も議論の対象となった。大正十年十一月号の『婦人公論』に掲載された「青年男女交際の許されるべき範囲及び方法」は当時の何人かのインテリの意見を調査した結果を内容とする記事である。それによれば全面的に男女交際を拒否する回答者は一人しかいないが、逆に「若い男女がお互いに求め合ふのは自然の内の最も自然なもの。自由に交際させるに限ります」（和辻哲郎）などと、率直に自由交際を肯定する者は三十人中の六人しかいない。多くの回答者はその中間にあたる。「青年男女の交際、元より大切でありますが、大切なだけ危険も伴ひます」（岸邊福雄）などと、男女交際は原則として望ましいが現在の時点で危険性をともなうから男女交際を実行する前になんらかの予備知識が必要だと主張する者は八人である。「青年男女の交流は勿論出来るだけ自由にしたいと思ふ。…（中略）…多数で会同する場合の外、単独の交際はなるべく避けるのを穏当とする」（宮田修）と、制限つきの交際のみ、あるいは「青年男女の自由交際は可なりと思ひます。範囲は親戚朋友の家族を中心とすべし。交際に就いては父母兄姉の如き世故に経験ある人の監督を必要とす」（林春雄）というように、監督のもとでの交際のみを肯定する者は十三人である。そして、「少なくも普通教育には男女共学制を採用し、…（中略）…そこにはじめて自由交際が円満に行はれるやうになりませう」（和田鼎）など、先の③の意味での「男女交際」（integration of the sexes）について語る者は六人である。なお、男女交際の危険性に言及しながらも監督のもとでの交際の必要性や男女共学の導入など、同一の回答者が以上の分類では二つの別の類いの意見を述べる場合もある。意見が多種多様であるだけでなく、「男女交際」という表現の意味が多元的に捉えられていることに注目すべきであろう。

前述の「大正十年度頻出の男女関係の諸相を何とみる—社会の罪か、個人の責か、はた又時代の趨勢か」という特集では、「恋愛至上主義」の支持者と恋愛を社会を害するものとみる者が約半々である。しかし、大正十一年以降の『婦人公論』では、恋愛や恋愛結婚を「社会の敵」や「家庭の敵」とみなす論者の声がほぼ姿を消したことから、「恋愛至上主義」的な立場が主流となった。言い換えれば、この時、言説としての恋愛至上主義がアクセプタビリティを得たと言えよう。

恋愛至上主義型「恋愛結婚」言説

友愛結婚型「恋愛結婚」言説から恋愛至上主義型「恋愛結婚」言説への移行は「男女交際」の意味論的変容をともなう。すなわち、先にみたように、友愛結婚型「恋愛結婚」言説においては「家庭」愛が重視され、夫婦の間に愛情のあることが望ましいとされたために、見合の際、親の決めた相手に子どもを会わせ、結婚する本人には拒否権を与えるというのが「男女交際」であるとみなされた。しかし、これ以降、「家庭愛」ではなく、恋愛そのものが重視され、結婚は恋愛に基づいた「人格的結合」でなければならないとされる。そこで、異性の人格を理解し、見極める能力を養うための男女交際は必要不可欠とされる。これ以降、監督のもとでの交際、換言すれば、友愛結婚型「恋愛結婚」言説と不即不離に結びついていた見合の一部としての「男女交際」を唱える声がほぼなくなり、「男女交際」という表現は自由な交際か、あるいは男女共学など（= integration of the sexes）として語られるに留まる。

さらに、この時期の男女交際論は、恋愛・純潔・結婚という三位一体を前提におく恋愛至上主義の言説のなかで語られるようになる。「恋愛至上主義」は一種の貞操論を包含していたので、恋愛至上主義型「恋愛結婚」言説においては「純潔」がキーワードとなる。そして、恋愛至上主義の言説がアクセプタビリティを得たことは、それが「純潔」の重要性を唱える立場をとったことと無縁ではないだろう。大正初年に『青鞜』を中心に闘われた「処女論争」を取り上げた川村邦光（1993）や牟田和恵（1996a）の著作で明らかになったように、大正期には「貞操」や「処女」は「新しい女」たちにとって新たな意義をもって、愛の理想の象徴として語られるようになった。牟田が説明しているように、こういう「処女・貞操観念は、強烈な自我の観念に裏打ちされ…（中略）…家や夫のために守られるべき貞操という考え方を捨て、自らのセクシュアリティが他者の所有物であることを敢然と否定」し、逆にそれが自分の自我・アイデンティティの確立につながってくるのである（牟田 1996a: 142）。

このように「純潔」は進歩的な意味合いをさえもった。ただし、純潔を強調する言説は必然的に男女交際を危険視する傾向を強める。自由な男女交際によって純潔が「害」され、あるいは純潔に「傷がつく」可能性があるからである。恋愛至上主義者である倉田百三は「結婚前に純潔でなければならぬといふとき、其れは如何なる意味のものとなるべきであらうか」という問題について「一切の身体的接触は…（中略）…たとひそれが単なる握手であってもなほ純潔を害する」ので「自分に対する婚姻の決意が明かでない限り、なほそれを拒絶すべきである」という（『婦人公論』大正十四年八月号、五頁）。また、「真の恋愛は、相互の一切の『時』の先有でもなければならぬ」から、「純潔に傷ついたものが抱合することは、その恋愛に、始めからひびが入って居る」というように、純潔に「傷がつく」と真の恋愛が不可能となるといった見方は、「処女尊重の根拠」という記事に表れている（千葉龍雄「（一）それは唯一最終のもの」［「処女尊重の根拠」の一部を抜粋］『婦人公論』大正十五年春季特別号、六十五頁）。

結局、男女交際は必要だが、危険である、というジレンマの再現である。だが、これは矛盾として現れず、「男女交際」という表現の多元性のなかに吸収される。「純潔」の主張と「男女交際」の言説が共存できるのは、「男女交際」（= courtship）とは別に、「男女交際」（= integration of the sexes）が存在していたからであろう。「純潔」の主張は自由な「男女交際」（= courtship）の主張と相容れないのに対して、その「純潔」の主張は男女共学の導入に代表される「男女交際」（= integration of the sexes）の唱道となんら矛盾しない。言説における矛盾はその言説の正当性やアクセプタビリティを脅かす可能性が高いと言えよう。だとすれば、恋愛至上主義の言説のアクセプタビリティは「男女交際」という表現の曖昧さ・多元性にかかっていたとも言える。

『主婦之友』にみる恋愛至上主義と教養型男女交際

『主婦之友』の恋愛に関する記事には二種類がある。一つ目は恋愛論をテーマにした署名論文や座談会記事であり、二つ目は読者の投稿による自分の恋愛経験についての記事である。そのどれをみても、恋愛を非難するものはなく、ロマンティック・ラブ・イデオロギー的な恋愛観が窺えるのである。「恋愛を無視する者は人類の大反逆者」とまで宣言した賀川豊彦は『主婦之友』の代表的な恋愛至上主義のイデオローグの一人であった（「恋愛の力」『主婦之友』大正十一年七月号、十頁）。賀川は厨川白村のレトリックをそのまま適用し、大正十一年の『主婦之友』に載った賀川の連載には、「人格」や「自我」がキーワードとして登場する。「恋愛にはただ一つの条件があります」と賀川は言う。「それは《自我の出生》ということであります…（中略）…それで自我の生まれておらないものは恋愛する資格がないのです」（「恋愛の力」十五頁）。また「男女の結婚が自由である場合、それは自由であるやうに見えましても」その「選択といふものが、全人格の支配を受けたもの」でなければ、それは真の恋愛結婚、つまり「全人的結婚」ではないという（「恋愛の自由と個性の自由」『主婦之友』大正十一年二月号、五〜六頁）。

恋愛至上主義思想と大正期の教養主義との関連性は「人格」の強調にある。筒井清忠は大正教養主義の「人格主義」を「明治後期の修養主義の『人格主義』を精緻化したもの」（筒井 1995: 43）として捉えているし、そもそも明治末期に登場した修養主義の最大の目的は「人格の向上」であった。筒井は旧制高等学校を中心に、主に学歴エリート文化としての教養主義について述べているが、教養主義は大正期の女学校の学生文化の特徴でもあった。

大正五年の時点で成安高等女学校校長であった宮田修によると、「我国がとっている現行高等女学校の教旨を良妻賢母のように云う人もあるが、事実に於てその採用する教科目やその配当の方法はより多く人格養成の目的に添うように出来ている」(『婦人公論』「何の為に娘を女学校に入れるか」大正五年六月号、三十三頁)。実際に、大正期には、良妻賢母という名のもとで人格を高めることを中心とした教養教育が多くの女学校で行われるようになった。この時期に「『人格形成』を目標とする活動が教師によるフォーマルな活動のなかに次々に組み込まれていった」のである(広田 1991: 145)。大正期の中産階級の恵まれた女性たちは高等女学校での生活を通して、自分の出身家庭の文化とは無縁な「近代性」と「伝統性」を「巧みに折衷・統合」(天野 1987: 88)した、「最先端の文化」(広田 1991: 147)に接することができたのである。

「人格」をキーワードとするレトリックが女学生などの新中産階級の女性のなかで恋愛至上主義思想のアクセプタビリティを促したと推測できるし、実際に、『主婦之友』の読者からの、恋愛や結婚についての投書のなかで、「人格」が再びキーワードとして現れるようになる。愛は人格と人格との間に生まれるものであり、また、夫に対する望みとしては「人格の高潔」な人、といった言葉が使われる。しかも、体験談のなかでは、男女交際さえも「教養」や「人格の向上」の手段として語られることがしばしばあるため、それを「教養型男女交際」と呼ぶことにしたい。

大正期には男女交際のための特定の場がなかったが、『主婦之友』の体験談からわかるように、日常生活上自然に異性に接する機会がなかったわけではない。しかも、「愛する人と結婚し得なかった婦人の悩み」という記事に掲載されていた「暗い運命に呪われた私の結婚生活」、「因襲結婚の犠牲となって悩んだ私」、「悲しい義理のために愛する人を失しなうた私」(『主婦之友』大正十二年六月号)という三つの体験談から、ある一定の男女交際のパターンがみえてくる。相手に出会う情況はさまざまだが、交際の目的は必ず「教養」や「人格の向上」のためにあると語られ、付き合いの教育的な機能が強調されている。文学や宗教（キリスト教）など、お互いの「教育的」な趣味を通して、「潔白な人格の高い」ような相手との交際が自己の涵養に貢献しているものとして語られるのである。恋愛が「人格」と「人格」との結合としてみなされていたと同時に、「人格形成」と一種の教養主義が当時の女学生の学生文化の根底にあったため、「学問」や「教養」を契機とする男女交際は彼女らにとって合理的かつ正当化しやすいものであったと推測できる。

恋愛至上主義のアクセプタビリティとそのパラドックス

本章では、「恋愛結婚」と「男女交際」という表現の意味論的変容に焦点を当てながら、恋愛至上主義のアクセプタビリティに貢献した要因のいくつかを指摘してきた。

そもそも「恋愛結婚」の主張は大正期に登場した新中産階級の間から出現した「家庭」という新たな家族形態の存在を反映し、それと適応性をもつと言えよう。家庭での夫婦間の情緒的結合がそれ以前の日本の家族形態と比べて強くなったし、こういった夫婦愛の重視から、配偶者選択過程において結婚する本人の意見が多少尊重されるようになったと思われる。恋愛至上主義が勢いをもつ以前は、見合結婚においても少しでも当人の意思が尊重されると、それは「恋愛結婚」と呼ばれる傾向があった。しかし、恋愛至上主義の言説が勢力をもつにつれて、「恋愛結婚」という表現は自由な配偶者選択に基づく、しかも恋愛を媒介にする結婚のみに当てはめられるようになっていく。

ただし、恋愛至上主義の言説において、明治時代の知識人を悩ませた、男女交際は必要だが危険であるというジレンマが再現する。しかも、近代社会において合理性を欠く言説は正当性を犠牲にするとすれば、このジレンマは恋愛至上主義の言説のアクセプタビリティを危うくしていると言えよう。だが、「男女交際」という表現の弾力性によって、この矛盾が隠蔽・解決されることになると本章で論じた。

恋愛至上主義のレトリックのなかでは、「純潔」、「人格」、「自我」がキーワードとして登場する。『主婦之友』の体験談では、男女交際は「教養」や「人格の向上」のためのものとして正当化されており、本章ではこの男女交際のパターンを教養型男女交際と呼んでいる。「教養主義」や「人格の形成」を特徴とする当時の女学校の学校文化を内面化した新中産階級の女性にとって、恋愛至上主義のレトリックは魅力的なものだったと推測できるし、逆に言えば、女学校という自由な空間から生まれた文化とその背後にある新中産階級の登場が恋愛至上主義のアクセプタビリティの地盤に大きく貢献していると考えることができる。

恋愛至上主義は言説として、少なくとも新中産階級の女性のなかで受け入れられたと思われるが、それにもかかわらず、大正期には「恋愛結婚」という理想は理想として終わることになったということは事実である。一見、革命的にみえる恋愛至上主義思想ではあるが、その思想のもとでは自由な男女交際は危険視され、歓迎されたわけでもなかった。しかも、それまでの「友愛結婚」型恋愛結婚言説で提唱されていた、監督のもとでの婚前の交際期間を設けることに関する具体的で現実的な提案さえも、恋愛至上主義では歓迎されず、そういった提案自体も姿を消していった。むしろ、「男女交際」の必要性を唱え続けながらも、「男女交際」という表現の意味論的変容がみられ、それは「男女交際」（= integration of the sexes）を中心とする言説に変わっていく。恋愛を「家庭」を脅かすものとみなしていた「家庭イデオロギー」とでも呼ぶべきものの提唱者から恋愛至上主義に対する反対の声が早々になくなったのは、一方では恋愛至上主義イデオロギーが定着したことを物語っているが、もう一方では、それは既存の配偶者選択制度を脅かさない、牙を抜かれたイデオロギーとなったという側面もあったからであろう。イデオロギーとしてはラディカルなはずだった恋愛至上主義が、「恋愛結婚」に不可欠なはずの男女の自由な交際を否定する。それは恋愛至上主義のパラドックスであり、陥穽である。

第四章　日本における友愛結婚の誕生

　ここまでみてきたように、大正期には「恋愛結婚」を唱える声が圧倒的に多かったが、それにもかかわらず、新中産階級のなかでさえ、今日でいう意味での「恋愛結婚」を実践する者はほとんどいなかったのである。現在の立場からみれば、「恋愛結婚」とはほど遠い「見合結婚」しかなかった、ということになるため、当時は「近代的」婚姻形態が成立していなかったという結論に至りやすい。

　しかし、ストーン（Stone 1977）が明らかにしたように、少なくとも英国の場合、近代家族の形成がもたらしたのは、情熱的なロマンティック・ラブおよび完全に自由な配偶者選択に基づいた結婚ではなく、結婚する本人の気持ちに配慮した配偶者選択に基づいた夫と妻とのパートナーシップを特徴とする、「友愛結婚」であった。その「友愛結婚」は、英国型近代家族、ストーンの用語でいう「閉鎖的家庭型核家族」の形成への移行の重要な特徴でもある。英国の家族史と日本のそれはもちろんパラレルではない。しかし日本においても、大正期の「家庭」という日本型近代家族の登場はそのような「友愛結婚」という婚姻形態に合致する配偶者選択パターンおよび夫婦関係をともなうものであったと思われる。それは「伝統的」な婚姻形態ではなく、いわば「近代的」なものであった。つまり、大正期の新中産階級のなかでは、配偶者選択の面に関しても、夫婦関係の面に関しても、「近代的」と呼ぶにふさわしい婚姻形態が成立したと思われる。この章では大正年間の『主婦之友』を史料としながら、大正期の近代的「友愛結婚」像のありさまを明らかにしていく。

もちろん、この時期には夫婦関係において何らかの変化がみられることはずいぶん前から観察されている。たとえば、柳田國男はこの時期の夫婦に対して、「欧米式の夫婦観念が強くなり、親密な友人風の会話をかわす」ようになったと述べているし[1]、このことは広く認められることであろう。また、戦前の婦人雑誌において、近代家族像に合致するような情緒的絆を特徴とする夫婦像や家族像がみられることを論証する研究もある（大塚 1994）。しかし、それにもかかわらず、戦前の「家庭」の「近代的」性格に注目する近年の近代家族論のなかでは、夫婦関係にほとんどふれないという傾向が顕著である。それはおそらく、夫婦関係に関しては、「タイム・ラグ」がみられ、戦後はともかくとして、当時はまだ「近代的」なものだったとは言えないと考えられているからだと推測できるが、その背景にはいくつかの要因があると思われる。第一に、第五章で論じていくように、家族社会学者のなかでは戦後の「恋愛結婚」こそが近代的だと考える傾向があるからである。第二に、それと関連して、ストーンの言う意味での「友愛結婚」は概念としてはまだ十分に発達しておらず、したがってその歴史的意義もまた十分に認識されていないからである。そして第三に、多くの先行研究では、戦前の「家庭」型婚姻形態はすでに「伝統的」なものとしてしばしば述べられてきたからである。

そのような先行研究の一事例をあげると、沢山美果子（1990: 143）は、一九二〇年四月号の『主婦之友』に掲載された「夫の選択に成功した経験」「夫の選択に失敗した結婚」という体験談に基づいて、当時の女性たちは結婚相手を選ぶ際に、愛ではなく、金や地位を求めるという。つまり、「彼女達の言葉を借りれば『理想の良人』の条件は、『官吏なれば判任官以上、また会社員なら一般に認められて居る会社の本社員』や…（中略）…『自分の腕で相当の地位に達する能力』がある『将来有望の青年』」であったことから（ibid.）、沢山は配偶者選択、あるいは将来の理想の結婚相手に関するイメージとしては、「互いの愛情のあり方」は考慮されていなかった、あるいは重要な要素ではなかった、と判断する。すなわち、「娘達は夫選びにあたって、互いの愛情のあり方ではなく、稼ぎ手としての将来性を述べる」としている（ibid.）。

たしかに、将来の夫選びについて書く際には、当時の女性は一応、「稼ぎ手としての将来性を述べる」傾向が強い。しかし、その傾向に「伝統的」というラベルを貼る前に、平成の現在においても、将来の夫を選ぶ際には、「稼ぎ手としての将来性」を考慮しない女性がどれぐらいいるのかを考えるとよいだろう。現在はたしかに「愛情」が強調されがちではあるが、収入なども配偶者選択においてしばしば配慮されることも一般的に知られていることである。[2] それは大正期においてもそうであった。比較の観点から言えば、『主婦之友』に投稿していた女性は、「愛はすべてを克服する」という「ロマンティック・ラブ複合体」に含まれる信条を抱えていたわけではないかもしれない。一目惚れや、運命の相手の存在といった、欧米のロマンティック・ラブを特徴とするコードに属する信条は彼女らの投稿には登場しない。だが、これから本章でみていくように、彼女らが結婚相手に求めていたのは、経済力や社会的地位だけでは決してなかったのである。それよりも強調されていたのは「理解」のある、「人格の高い」、または「愛され、愛し得る」人であった。そしてそれは「友愛結婚」という近代的夫婦像または配偶者選択パターンに一致するものである。

大正期の『主婦之友』の紙面に登場する夫婦像は、欧米のそれとは異なる。しかし大きくみればその特徴は夫婦愛であることには変わりはない。日本の近代がもたらしたのは「情熱的」というより「温かい」夫婦愛を特徴とする「友愛結婚」であった。配偶者選択過程においても夫婦関係においても、それはまさに「近代的」と呼ぶにふさわしいものであった。

友愛結婚型配偶者選択パターンへの移行

縁談における拒否権の有無

ストーンによると、中産階級の上層部において、一六六〇年頃から親が配偶者選択において子どもに拒否権を与えるようになった（Stone 1977: 272）[3]。それは子どもの幸福を重視するようになったからである。第三章でみたように、大正期の新中産階級のなかにも、似たような配偶者選択過程における変化がみられたのである。大正六年の時点で、生田長江は「恋愛と結婚との関係を論ず」というエッセイのなかで、当時の配偶者選択過程について、「家族主義から漸く家庭主義へ推移して来ている今日では、どんなつつましやかに育てられた処女といへども、好きと嫌ひとの二に一を言ふだけの権利を与えられ、また其権利を行使しています」と言って、この現象を「見合の進化」と呼んだ。生田が記述した現象は「干渉結婚」的な配偶者選択パターンであったが、見合の際には結婚する本人に拒否権が与えられているという生田の指摘がポイントである。もし、生田のその指摘が妥当なものであるとすれば、それを近代的「友愛結婚」への移行に規定される配偶者選択上の変化として捉えることができる。少なくとも大正年間の『主婦之友』を検討した結果、生田のこの知見を裏付ける史料が散見される。

まず、親の観点を窺わせる史料として、大正十一年七月号の『主婦之友』に掲載された「恋愛もしくは結婚問題に就いて親子が意見を異にした場合」という、当時の何人かの地位のあるインテリなどの意見を調査した記事がある。言うまでもなく、そこに載っている意見は一般人を代表するものではないが、この問題について当時の社会のオピニオン・リーダーを調査したものとして、興味深い史料ではある。二〇〇頁から二〇四頁の間に三十二人の意見が載っているが、そのなかで、「場合による」などと、曖昧な返事しか答えていない者が多数を占めるものの、はっきりした意見を述べた者のなかで、子どもの意見に譲ることに対して反対であった者は二人しかいないのに対して、十三人ほどは子どもの「自由意志」を尊重する意志を表していた。完全に子どもの自由意志に任せるべきであるという意見の事例として、「結婚問題（または恋愛問題）について親子の意見が合致しない場合、今日の時勢に於ては全然子の意思に任せる方が、本人のため一家のためまた社会のためと存じます」という浮田和民の意見や「家族として一員として考へると、そこに不則の利害関係が横はりますから、かやうな場合は、彼等を一まづ個人として解放し、その自由選択に任せるが至当だと考へてゐます」

という富田修の言葉がある。あるいは「私は私です。子供は子供です。」といったはっきりしたポリシーを表している上司小剣の意見もある。また、恋愛至上主義の提唱者として有名な厨川白村によると、「子の自由を尊重して、何らの干渉をもすべきではないと信じます。また富とか利益とか虚名とかいふことを問題外としてゐる以上『意思に添ひ得ない場合』などはあり得ないことです」と、当時の恋愛至上主義思想を代表する意見も載っている。

しかも、それほどはっきりとしたポリシーを持っていない場合でも、子どもの幸せを重視する態度が見受けられる。「兎に角子供の幸福…（中略）…を第一とします。子供が本当にそれを幸福に思ふたら、それに従ふより仕方がない」（小川未明）などがそれだが、こういった子どもの「幸福」を「第一」とする立場は友愛結婚型配偶者選択パターンへの移行に基づいているものであると言えよう。

もちろん、「結婚問題に悩む男子の告白、結婚問題に悩む婦人の告白」（『主婦之友』大正十年一月号）などの体験談を中心とする記事にみられるように、すべての親が厨川らほどリベラルだったわけではないことは明らかである。またこの問題についての読者からの投稿をすべて読んだ記者によると、「従兄同士の許婚」をふくめた「幼時からの許婚」など、「許婚の煩悶もかなりにありました」（一六五頁）とし、友愛結婚のパターンが全面的に社会に受け入れられていたわけではないことが窺える。しかし、そういった取り決め婚は地方に集中しており、都市部の新中産階級のなかでより一般的であったのは、縁談の際に娘が拒否権を握っていることを前提に考えるパターンだったようである。[4]

女学校の校長による記事には、結婚問題をテーマとするものがあり、そのなかには見合を通して配偶者を選択することが強調されている。たとえば、東京高等女学校校長であった棚橋絢子の「見合の時に男子の人物を見抜く法」(『主婦之友』大正七年四月号)という記事には「縁談が未だ決定的までに進まぬ前に見合をして…(中略)…自分が一生の苦楽を共にする夫の選択を誤らぬやうに」(二十九頁)すべきである、または「なる可く自らの性格に適した配偶者を選択すればよい」(三十頁)といった文言が並ぶが、ここには選択の余地があることが前提となっている。また常磐松陰女学校校長の三角錫子の「娘の結婚問題に就いて母としての理想」(『主婦之友』大正九年三月号)では次のように、見合において娘の意思が重視されている(十四頁)。

私は親達の諒解を得たうえで本人同士に知らせ、数回逢はせて見たうえで「お前の考へはどうか」といつて娘の意志を確かめたいと思ひます。その場合たとい親としては乗気になるやうな好配偶であうても、娘が進まぬやうであつたら中止したいと思ひます。結婚はどこまでも娘が中心であつて、最後の決断は娘の意志によつてきめたいと思ひます。

体験談のなかでも、見合の際に娘が拒否権を握っていたことを窺わせるものがある。たとえば、縁談を実際に断った事例もでてくる。一例をあげると、「親の義理を立てるか自分の恋を通すかに迷ふ私の煩悶」(「結婚問題に悩む男子の告白　結婚問題に悩む婦人の告白」『主婦之友』大正十年一月号)は、ある女性からの縁談についての投稿である。その縁談の相手は「法学士の手腕家で、且つ家柄もよく、年若な美男子」であったが、その女性は、「心の奥深くも秘めつつある恋人のために、昼も夜も人知れぬ苦悶を持つてゐた」と言い、「未来の幸福を考えるよりは、目前に差迫つてゐる苦しさを思ひ、両親へは只だ気に染まないからと申して断つたのでした」（一五八頁）という。

情熱よりは人格・理解・教養

このように、大正期には配偶者選択が本人中心になってきていたことが窺える。しかし、それは必ずしもロマンティック・ラブの優先を意味するものではなかった。むしろ、情熱的な恋愛関係よりは、「友愛結婚」にふさわしい「幸福」や「理解」が結婚生活の目的とされていた。そこで、何よりも重要視されたのは相手の「人格」であった。「愛の無い結婚ほど悲惨なものはございますまい」（「時代に覚醒した処女が心に秘めたる結婚に対する要求」『主婦之友』大正九年一月号、四十九頁）など、結婚に「愛と理解」とが求められているとはいえ、最終的な目標はロマンティック・ラブというより、「暖かい家庭」である「ホーム」であった。

このことは「信仰をもつ処女の理想とする結婚」（「時代に覚醒した処女が心に秘めたる結婚に対する要求」『主婦之友』大正九年一月号）という読者からの投稿によく表れている。京都に暮らす「しづ子」の結婚相手に求めるものは五つの意味で、代表的なものである。

第一に、彼女は次のように、結婚相手に「人格」の高い相手を望むが情熱を望むわけではない（四十五〜四十六頁）。

私は先づ人格の高潔を望みます。…（中略）…また愛され、愛し得る人でありたいと思ひます。学生時代の末頃のやうに、平和な詩のやうな努力の無い生活は別に望みません熱烈な恋も望みはいたしません。一時に燃えた火は一時に消えます。…（中略）…私は愛の無い結婚を望むわけではありませんが、さうした一時の情熱のみで成立させようとは思ひません。

第二に、「人格」と同様に、「理解」がキー概念として登場する（四十六頁）。

私はまた真実の理解を切望いたします。自分と一生を共にする人と自分との間に、本当の意味の理解があれば、一家は平和であると思ひます。

第三に、人格の高い者として、「趣味も余りかけ離れてゐない方が良い」と（四十六頁）、その相手には教養の高さを象徴している趣味のある者がいい、という。

第四に、富がすべてではないにしても、「物質上より起る悲劇や苦痛は生じない位の余財はあつてほしいと思ひます」（四十六頁）というように、なかなか現実的である。

そして第五に、憧れは「スイート・ホーム」である（四十七頁）。

社会に出てあらゆる困難と戦ふ時、暖いとけた家庭がこの世の何所かに無かつたならばその奮闘はどこまで続きませう、結婚問題を目前に控へた私等若き婦人の胸には、堪へ切れぬ努力に対する覚悟と共に、楽しい安らかな慰め所に対する熱望が燃えてゐるのでございます。私等現代の若き婦人の双肩には、今後の世界に対する凡てが荷せられてゐるのでございますから、責任を自覚し感激して理想に近い結婚をしたいと思つてゐるのでございます。

教養のある相手との理解のある結婚生活は「ホーム」の必須条件として語られていたのである。

「家庭」という空間

「家庭」を守る責任

大正期の女学校を卒業した女性にとって、多くの場合、目標はこのような「暖いとけた家庭」を作ることであった。しかし一体、「暖いとけた家庭」とはいかなる家庭であろうか。「家庭」を語る言葉には、このように、イメージとなる比喩的な表現が多いことに注目すべきであろう。ケーン（A. Kane）が論じたように、シンボル・システムを観察するためには、言説や物語（narratives）に登場する比喩に注目するとよい（Kane 2001）。それは、シンボルはイメージの形をとる傾向があるからである。「家庭」に関する記述をみれば、比喩的表現が目立つだけではなくて、それらの比喩に登場するイメージは特殊で、デュルケムの表現で言えば、「隔離された」空間を指していることは明らかである。家庭のイメージは「暖いとけた」ものであり、「温和な光につつまれてゐる」ものであった（「結婚前の青年が望む理想の細君」『主婦之友』大正七年十月号、四十二頁）。

しかも、家庭は「守る」場所として語られるのは興味深い。たとえば、「悲惨なる初婚の失敗と再婚に依て得た今日の幸福な境遇」（「再婚して成功した夫人の告白」『主婦之友』大正八年十月号）という体験談では、投稿者が最初の結婚での姑との人間関係上のトラブルについて語っているが、それは次の通りである（四十四頁）。

初めの間は…（中略）…一家睦まじく暮らしてゆきましたが、段々月日を重ねるに従ひ、姑が私に対する不満の色があらはれました。私はそれと気がつきましてからは、何事にも一層気をつけ、決して姑の機嫌を損はぬやうに、此の暖かな家庭に冷たい風の入らぬやうにと、つとめましたけれど姑の私に対する不平は益々募るばかりでありました…（後略）

もちろん、嫁と姑との葛藤は古いテーマであるが、ここではそれが我慢しきれないのは、「暖かな家庭」を「冷たい風」から守りきれないからである。デュルケムが論じたように、「聖なるもの」とは何よりも「隔離された」ものである（Durkheim [1924] 1965: 70）。聖なる事象は隔離され、俗なるものと混じってしまうと、聖なるものはその「本質を失わずには」いられないという（ibid.）。つまり、聖なるものと俗なるものとが接触し、混合すると、それが聖なるものの「本質的属性」を「破壊」するのである（ibid.）。この体験談では、姑が運んできた「冷たい」要素が「暖かい」家庭の聖なる空間を破壊しているのである。

鹿野政直は大正期の新中産階級の家庭――鹿野の用語では「小家族」――について、「『小家族』の成立には、舅姑との関係における『嫁』の苦しみ緩和への期待感を吸収しうる事象であった」という（鹿野 1983: 115）。鹿野によると、以前は家の「どんな風波も『嫁』の責任とする論理が準備される」のに対して、「『小家族』の成立は、そのような『嫁』としての立場を間接的なものとし、『妻』としての立場を軸とする家庭像を浮上させた」という（鹿野 1983: 116）。これに付け加えたいのは、聖なる「家庭」の成立においては、それ以前は「どんな風波も『嫁』の責任とする論理が準備され」たとすれば、今やその責任は「嫁」にあるのではなく、聖化された「家庭」を「破壊する」影響をもたらす姑にあるとされるパターンが登場するということである。今や、何事にも服従すべき「嫁」とは違って、妻の責務は聖なる「家庭」をそれを破壊しかねない悪影響から守ることにある。

もう一つの「家庭」を汚しかねない注意しなければならない影響は、夫の「不品行」または俗なる花柳界との接触であった。このこととの関連で、「家庭の主婦から主人への要求」（「婦人に対する男子の要求、男子に対する婦人の要求」『主婦之友』大正十二年三月号）という読者投稿の次の部分は興味深い（四十六頁）。

　家庭をもつと神聖なものに考へていただきたい。男性がある階級の女性たちと交り、また酒食の巷に出入するのは交際上やむを得ないことだと思ひます。しかしこれを家庭にまで及ぼすのは、どうかと思ひます。いくら酒の上とはいえへ、教養ある立派な紳士が、聞くに堪へないやうな言葉や、その女性たちの噂や、甚だしきに至つては、その女性たちとつまとの比較などを、家庭において口にすることは、慎んで頂きたいと存じます…（後略）

面白いことに、ここでは夫の夜遊びそのものが問題視されているのではない。むしろ、それを「家庭において口にする」ことこそが問題とされており、そのことが「家庭」という「神聖な」空間を汚すことになるからである。

もちろん、体験談のなかで、夜遊びそのものが問題視される場合もあるが、それは、「夫婦愛」あるいは「家庭愛」と呼ぶべきものが、純潔なる「家庭」の重要な要素としてみなされているからであると考えられる。このことは同じ記事のなかでの別の投稿、「男性も家庭を愛してほしい」からも窺える。「家庭を王国として花園として、楽しんでいただきたい」にもかかわらず、夫が外で遊ぶと、その主婦が夫に対する「男子を慰め力づける大きな美しい愛と、やさしい心」が破壊されるので、その投稿者は「良人が家庭を愛することを切に望む」という（四十二頁）。「愛は人生において、一番美しい清らかなもので」（四十四頁）あるから、「外で遊んだりなさるのも女といふものを、妻を理解してくださらないからでございます。敬愛してくださらないからです」（四十三頁）。「女は男から愛されたい愛されたいと、願つてをります」（四十三頁）というが、その夫婦愛がととのうと、家庭がどれだけオアシスになるかは次のように記述されている（四十二頁）。

男が勝手なことや無理を抑しやらずに、やさしく思ひやりのある態度で「接してくれると」私たちはどれほど感謝し喜ばしく感ずるでせう。そしてお互によく理解し合つたら、どれだけ幸福でございませう。そこには不平もなく、清らかな愛と平和のみが、ただよつてをります…（後略）

家庭と教養

「家庭」の聖性を支えるメカニズムの一つは「家庭」と「教養」のリンクにあったようである。家庭の主婦にとって教養は重要なものであり、「高尚な」趣味などを通した、教養の追求に基づいた行為が儀礼的機能を果たしていたようである。趣味や教養の儀礼的メカニズムはすでに婚前の交際の段階からはじまる場合もあるが、その時点においてもそれがなんらかの形で「ホーム」もしくは二人でこれから作っていく家庭のイメージと関連づけられることがある。たとえば、「恋愛より結婚までの思出」(『主婦之友』大正十一年七月号)という記事のなかに、「恋愛結婚」に成功したという人からの投稿があるが、「年下の青年と想はれ周囲の反対を斥けて遂に結婚した思出」という体験談を寄せた「君子」の話はこの点に関して興味深い。君子は女学校を出てから、「同じ教会の方で、某会社の支配人をしてゐられたB氏邸に、家事実習のかたはら、その頃少しを稽古してゐましたオルガンを奥様から教へて頂く」ことになった(十八頁)。そこで、「その頃B氏邸にTといふ、当時二十二歳になる青年がゐられました」(「T様の亡き父君とB氏とが、生前親交があった関係から、T様が昨年ここの高商に入学されると同時に、B氏の邸に下宿して、子供のないB氏夫妻の寵愛を一身に集めてゐられた」)とある。君子とTとの関係がいかに教養を通じて成り立ったものであったかは次のとおりである(十八〜十九頁)。

自由で温かい、そして聖い、クリスチャンホームに食と住とを同じうした私達は、お互いに教育こそ異にしてゐましたけれども、宗教と音楽と読書の趣味に於ては、先天的に一致してゐましたため、共にうたつたり、親しく語り合つたりする機会もかなり多かつたのでした。従つて私は、T様の日常生活の殆ど凡てを知ることができたばかりでなく、その基督教を背景とした人生観と、不断の思索によつて培はれてゐるその豊かな内的生活とともに、私は心から共鳴したのでございました……（後略）

また別の事例として、「私の望む理想の結婚と理想の良人」（「時代に覚醒した処女が心に秘めたる結婚に対する要求」『主婦之友』大正九年一月号）では、その投稿者は理想的な結婚およびホームを次のように、「高尚な趣味」に基づいたものとして語っている（四十頁）。

趣味のある家庭、これも私の理想の一つで何か高尚な趣味が一つなくてはなりません。……（中略）……夫はベース妻はサプラノで合唱し、家庭を音楽で包んでしまふことも日曜日に二人で静かな野山を散歩することも皆一つの趣味をもつてゐれば、二人の心は和気藹々たなびくことでせう。……（後略）

夫婦の「合唱」によって「音楽で包」まれる家庭のイメージは「聖なる」家庭のことを指しているにほかならない。しかもその聖性を支えているのは、音楽という「高尚」な趣味、教養であると同時に、夫婦が一体となってその教養的営みに携るという儀礼行為でもある。

夫婦で一緒に歌うというイメージは、同じ記事のなかでの別の体験談にも登場している。そこで夫婦のなかで「秋の夜など、清い月光をあびて共に唱ふ其の歌…（中略）…いかに社会の波にもまれて荒んだ人の世の心を高くし且つ慰めることでございませう」とある（「信仰をもつ処女の理想とする結婚」四十六頁）。ここでは「社会」との接触によって心が「荒んだ」状態となるのに対して、二人で教養のある生活を営むことによって「清い」空間が成立するという二分法と、教養や趣味には「荒んだ」ものを清くし、純化されたものとする力が潜んでいるという点とが際立っている。

夫婦愛

このように、多くの未婚女性にとって、結婚生活のイメージは二人で教養に励む毎日というものであったが、この節では既婚女性にとっての結婚生活はどのように語られるのか、また、夫婦愛そのものはどのように記述されていたのか、を検討していきたい。

良き内助者

主婦としての一つのパターンは、夫の「良き内助者」としての役割である。上下関係がはっきりしているということもあり、現在の立場からみればそれはいかにも抑圧的な関係として捉えられるかもしれないが、それが愛にあふれる関係として語られていたことは注目すべきところである。性別役割分担は近代家族の普遍的特徴であるが、一般的に「伝統的」と呼ばれる、絶対的な支配――服従関係を特徴とする夫婦関係と違って、異なった生活領域を担当しながら、「愛」のために支え合っているという意識は近代的友愛結婚の特徴であると言えるし、「良き内助者」という理想はまさにそのパターンにあたる。
「再婚して初めて真の幸福を得た私の偽らざる告白」（「再婚して成功した夫人の告白」大正八年十月号）という体験談のなかで、その投稿者である東京の「いと子」が自分の幸せな結婚生活を次のように語る（五十一～五十二頁）。

主人は○○に出勤して帰宅しますと、書斎に入つたきり食事の外は顔も出さず、用事以外には物も言はない人ですが、それでもよく衷心より私を慰め励まして呉れました。私は其の一言を如何に嬉しく聞いたか分かりません。しかし知識の違ひの故か、年齢の差も、師に対する敬いといふ心が余計に動いてゐることを否む訳には参りません。でも此の心持ちは別に苦しい努力をするでもなく、何時とはなしに除かれました。

いと子は、「真実に幸福者だと感謝してをります」（五十二頁）という。このパターンは、第四章で取り上げた教養型男女交際の延長線上にあると考えられる。すなわち、この場合は何かを具体的に教えてもらっているわけではないが、それでも、夫に対する感情には「師に対する敬いといふ心が余計に動いてゐる」のである。「師に対する敬い」という気持は情熱的な恋愛感情ではないものの、「友愛結婚」的な心情の一つであると考えられる。そしていと子は、「全力を挙げて夫なり子なりの活動を助けることが、即ち道徳的価値ある生活とい得るのではないでせうか」と結論づける。「良き内助者」（『主婦之友』大正十四年二月号、三十四頁）としての役割は「愛」のためであり、「道徳的」であり、聖なるホームとそこから来る「本当の幸福」の基盤を成すものとして語られる。

「嫌ひな物をも喜んで食べてくれた夫の愛情」（「新婚当時の楽しい思いで」『主婦之友』大正八年四月号）という体験談ではまた夫からの「一言」で幸せを覚えるパターンが顕著である。「心から詫びる私の顔を見つめながら『敏、お前のこしらへたものなら、俺は何でもおいしいよ』と、力のこもつた主人の言葉なので、私は一生この良人のために力の限り働かねばと、そのとき強く強く心にきざみつけられたのでございます」（一〇七頁）。この体験談でも、「師弟」関係の性質がよく表れている（一〇八頁）。

年も十と幾つちがひ、…（中略）…まだ幼な気のぬけきらぬ私を、笑はず叱らず教へ導き愛してくれた主人、私のためには広い天地にただ一人の良人を、神とも師ともうやまひ尊んで、これから先の長い一生を、憂きもつらきもその力にすがつて、働きわたらせていただくやうにといつもひとり神に祈るのでございます。

このパターンでは、夫婦愛は情熱的でロマンティックなものではないが、妻を「教へ導き愛」する夫と、夫を「神とも師ともうやまひ尊んで」いる妻との関係は、温かいものであり、「友愛結婚」型に値するものである。

一心同体の理想

このように当時、夫婦の関係は対等なものとして語られていなかったものの、最終的に一心同体となることが広くすすめられる。たとえば、大澤謙二が言うには、「結婚当座は多少腑に落ちぬ事もあらう。異なつた家庭に育ち、異なつた教育を受けた者であるから、即時に融合する事はむづかしいが、時と共に互の気心も分り終に一身同体となる事は請合である」（「青年男女に奨めたき理想的結婚法」『主婦之友』大正八年四月号、四頁）。また、ある身の上相談に対して、記者は次のようにアドバイスする。「夫婦の和合といふことは…（中略）…全然異なつた二個の男女が一身同体となつて…（中略）…何処かに融和点を見付けて相融和し、…（中略）…完全な一団体を組織」することである（「離婚問題に悩む夫人の告白」『主婦之友』大正十年七月号、五十二頁）。このように、一心同体が夫婦愛の理想として語られていたのである。

しかも、体験談をみればこの理想は女学校を出た若者に受け入れられたようである。ただし、その理想が煩悶の元にもなり得ることが、「薄情な夫のために結婚後間もなく離縁となつた私の告白」（「離縁となつた若き婦人の告白」『主婦之友』大正九年三月号）という体験談によく表れている。

そのなかで、投稿者である「夕千鳥」は「夫婦は相愛する二つの魂の完全な結合である以上真に理解し合つた一身一体の御互ひでなければならないと思」っていて（三十六頁）、「こんなことを自分の頭に書きながら結婚後は出来得るだけ夫の内助者になりたいと、何くれなく女の道にいそしみ始めました」という（三十五頁）。やがて、彼女に「都にをります方」から縁談の申し込みがあって、彼女は「一度は都の人になつて見たい」という気持ちがあったこともあり、結婚し、最初のうちは理想に近い形で進んでいた。すなわち、「夫は私を子供のやうに見て、一から十まで親切にやさしくしてくれますので、うららかな春の花園を徨ふやうな淡い新婚の香に酔はされながら半年といふ月日を瞬く間に送りました」（三十五頁）。だが、その後、「美はしい花園の前にもやがて嵐の訪づれる時はまゐりました」（ibid.）。その「嵐」というのは、「思ひ設けぬ夫の秘密」のことであり、結局、その夫は過去からの関係ですでに、二人の子どもがいた、ということである。そこで、彼女は「一身一体」を理想としていたからこそ、そういったことが許せなくて、「今までの夫に対する愛の魂が何時とはなしに小さな粉末となつて飛び散つてゆくのを思はずにはゐられませんでした し…（中略）…夫の胸の中は如何なるものやら、疑ふやうでは果たして自分の前途が如何なるものであらうといふ疑念が、むらむらと胸の中に湧き立つて来ました」（三十六頁）。このように、一心同体あるいは「一身一体」への期待が逆に、鹿野政直（鹿野 1983: 124）の言葉で言えば、「夫婦間の愛情のトラブル」をもたらしたこともあった。

この体験談のように、ある「秘密」が暴露されることと、またその「秘密」に対して大変な「驚き」があることとは体験談にみられるパターンの一つである。お互いをよくわかりあうような長い婚前交際の期間を設けることができない状況のなかで、こういった「驚き」はやむを得ないことであったろう。とはいえ、こういった「驚き」は親子関係のなかでもしばしば表れるので夫婦関係だけの特徴でもない。女学校に入るまで自分が養女であることを親に知らされていなかった娘の「驚き」や、二年前から実は婚約者がいたことを突然娘に知らされる親の「驚き」など、事例は多いが、比較の観点からみれば、ほかの多くの社会ではもっと早い段階で伝えられるような情報が隠蔽され、なかなか伝えられないという傾向を特質とするコミュニケーション様式をみいだすことができる。そういった特殊なコミュニケーション様式の裏には何らかのハビトゥス上の特質があるだろうと推測できるが、それを分析することは本章の範囲を超える問題である。[5] むしろ、ここで注目したいのは、そういった「驚き」によって引き起こされる「煩悶」である。

悲劇のヒロイン

「煩悶」の一つとして、夫婦のトラブルによる煩悶をあげることができる。鹿野によると、「夫の『不品行』の指摘というかたちをとって、夫婦間の愛情のトラブルいいかえれば妻の苦悩が、歴史の舞台にのぼりつつあった」し、このことが「夫婦の関係が共同的小宇宙からかけはなれた地点にあったことをうかがわせる」という（鹿野 1983: 124-126）。鹿野は戦前の『主婦之友』をもとにして恋愛や結婚の問題に言及しており、そしてまた鹿野の関心も、大正期の新中産階級の「家庭」――鹿野の用語では「小家族」――に集中している。鹿野（1983: 119）にとって「家庭」の登場はイエからの解放を意味しており、「旧来の『家』の抑圧に苦しむことが深ければ深いほど、こうした都市『小家族』のもつ新しい家庭像は、舅姑―嫁関係の間接化と過重な労働からの解放という二点で、人びとことに女性の期待感をもりたてやすかった」という。もちろん、その二点のほかに、愛のある夫婦生活への期待感を付け加えるべきである。しかし、鹿野の分析ではその期待は完全に裏切られている。つまり、鹿野（1983: 124-125）によると、「夫の『不品行』に集中する妻の悩みは、都市の単婚家族が…

（中略）…『夫―妻』を軸とする家庭像をつくりだすにはほど遠い状況にあったことをものがたる象徴的な現象にほかならない」というのである（ibid.）。こういう発言に潜むインプリケーションというのは、大正期の「家庭」の夫婦関係が「近代的」と呼ぶにふさわしい夫婦関係からはほど遠いものであった、ということだろう。

鹿野のこのようなロジックを理解できなくはないが、忘れてならないのは、研究者がデータを検討することによっていかなる結論に導かれるかは、その研究者がいかなる学問的言説に依拠しているかによって大きく左右されるということである。宮森一彦（2003: 3）によると、「『家』と『家庭』を対置する構図」は、「岸田俊子を嚆矢とする、家制度からの解放を求める人々の活動によってはじまり、戸田貞三らの活躍した時代から学問的に培われ、戦後に川島武宜らの研究によって花開くことになった」というが、鹿野もこの伝統のなかから論じているようである。つまり、日本における家族の歴史においては「権威主義に支配された保守的な『家』に、愛によって結び付けられた民主的な『家庭』概念を対置する」図式が根強く（ibid.）、鹿野はその図式を受け継いでいると考えられる[6]。ここで言う「民主的な家庭概念」とは、家族における「民主化」を目的とする改革と関連しており、暗黙の内にも欧米の家庭像をモデルとしている、と考えてよいであろう。そうであるかぎり、日本の「小家族」の欧米の家庭像との相違点は必然的に「欠如」として捉えられることになり、「伝統的」なものとみなされてしまう。

当時、夫の「不品行」が問題になっていたのとは対照的に妻の側における不貞事件が非常に少なかったことは性別に基づいた社会的不平等を物語っており、そこには女性にとっての抑圧的な側面があった。しかも、実態のレベルでは夫婦の関係は理想的な友愛型結婚パターンから逸れることがしばしばあったであろうことも想像に難くない。しかし、夫の「不品行問題」が大きなテーマになっていたことの意義を理解するために、それが当時の婦人雑誌にどのように取り上げられ、またどのように女性自身によって語られていたのかをみる必要があるだろう。

大塚明子の研究で明らかになったように、「夫の不品行」に関する記事のなかには、「妻は夫の放蕩に耐えてひたすら尽くし、やがて夫がその『愛』に感動して改心する」というパターンが見受けられる（大塚 2003: 36）。その「愛」には「忍耐」という伝統的な「婦徳」の色彩が濃く表れているものの、基本的に受動的なものであった「婦徳」における「忍耐」とは対照的に、堕落した夫を「自分の『愛』で救済しなければならない」という姿勢は、大塚が論じるように、きわめて「意志的」であり（ibid.: 40）、能動的なものである。その「愛」には伝統的な「受動的」な姿勢とはかなり異質なメンタリティが見受けられるのである。

このように、「不品行問題」はそれほど単純な問題ではないことは明らかである。しかも、それを感情現象として分析していくと、さらなる側面がみえてくる。先にみたように、鹿野は「夫婦間の愛情のトラブル」に基づいた「妻の苦悩」の原因を外的要素すなわち家族システムに求めている。そしてたしかに、当時の女性の立場を考えると、そこに抑圧的な現実があったことは否定できない。しかしそういった「煩悶」や「苦悩」または「犠牲」にはそれなりの外的要因もあるものの、それは「感情的ハビトゥス」(Kane 2001）というものにも起因しているとも考えられる。

「ハビトゥス」という概念はエリアス（N. Elias）の思想にも登場するが、ブルデューの理論において洗練された観念としてあらわれる。ブルデューによるとハビトゥスとは「志向性のシステム」（a system of dispositions）であり（Bourdieu 1990: 59）、「階級ハビトゥス」などはある社会集団に属している成員にとってはある程度まで共通するものである。大正期の女学校を出て『主婦之友』の読者であるということだけですでに多くの女性と共通の経験または教育や世界観をともにしていることになるが、これらの共通の経験が共通のハビトゥスの土台となっていたと考えられる。しかもブルデューによると共通のハビトゥスに生成される慣行や「実践」は制度的に客観化された意味に付与され、ゆえにその表現は即座に互いに理解可能であり（ibid.: 58）、俗に言えば「通じる」ものである。

投稿記事での「煩悶」や「苦悩」の表現の仕方をみれば、それが儀礼化されていると言えるほど、共通のパターンをもっている。しかも、木村涼子（1992）が論じたように『主婦之友』の読者は一つの「共同体」を成していたので、投稿記事で表現されている感情は単なる個人的なものではなく、その共同体の成員に通じる感情的反応を引き出すものでもある。投稿のなかに登場する「煩悶」や「苦悩」という感情の表現またはそれを引き出す（と無意識的にも予測される）読者からの感情的反応は感情的ハビトゥスの表れとして理解されるべきであろう。

投稿記事で「苦悩」などが表現される際に、それが読者を意識した表現であることは、冒頭の部分にはっきりと表れていることがほとんどなので、いくつかの事例をここで列挙しておく。

離縁！　何といふいやな恐ろしい言葉でせう。私は現在この辛い悲しい二字に苦しめられて、日夜涙の雫にしぼりつつあるものでございます。苦しいとか悲しいとかいふ泣きごとなどは決して申したくありませんけれども、この小さな自分の胸にひそめられたる限りない憂き思ひを、少しでも皆さまの御耳に入れて温かいお情けの一端にも浴したいと存じつひ筆を執る気になりました。（「薄情な夫のために結婚後間もなく離縁となつた私の告白」〔「離縁となつた若き婦人の告白」より〕『主婦之友』大正九年三月号、三十四頁）

＊

私は『主婦之友』を何よりの友として寂しき島里に二人の子供を抱へて、明暮れ身の不幸を喞ちつつ悲しい月日を送つてゐるものでございます。（「新平民と知れて離縁された私」〔「離婚問題に悩む婦人の告白」より〕『主婦之友』大正十年七月号、五十三頁）

＊

私はまことに不運な生まれでございます。幼少の頃に既に両親に亡くなられ、成長するに連れて悲しい月日を送つてまゐりました。やうやうのことで結婚いたしますと、或る事情からつひ不縁となり、また再婚しますとそれにも失敗いたし、重ね重ねの不運に泣いてゐるものでございます。

御誌の愛読者の皆様の中にも、私と同じ運命に泣いてゐ［る］お方もございませうと思ひまして、拙き筆を執らして頂くことといたしました…（後略）（「初婚に破れた再婚に破れた出戻：女の悲痛なる告白」〔「結婚に破れた若き婦人の告白」より〕『主婦之友』大正十年三月号、三十二頁）

＊

世の中に義理といふものがなかつたらどんなに心易いことでせう。私は今このつらい義理の柵にからみつかれ、心苦しい朝夕を送っております。打ち明ける友も頼るものもない哀れな身の上、恥ずかしさをのんで一部始終を申し上げます。(「忘れられない初恋の悩み」[「恋愛と縁談に苦しむ処女の煩悶」より]『主婦之友』大正九年七月号、一三二頁)

これらの感情的表現が読者にどのような感情を引き起こすかは想像に難くない。「温かいお情けの一端にも浴したいと存じつひ筆を執る気になりました」というように、こういった苦しみについての表現に対する、当時の感情的ハビトゥスに規定される感情的反応は「情け」である。「かわいそう」と心から思う気持ちである。新渡戸稲造は「泣きながら暮らす幾人の婦人」が「誠にお気の毒な事である」と述べ、こういうことは「結婚方法の誤り」からくる「悲惨な家庭」が「生んだ犠牲」であるというが(「一番間違ひのない配偶者の選び方」『主婦之友』大正七年四月号、二頁)、「犠牲」という言葉は当時の感情的ハビトゥスを語るのには象徴的なものである。キリストが「犠牲」者となって十字架で苦しんでいるイメージは「苦しみ」の最も普遍的な象徴であるが、ルーマンが論じたように、苦しむこと自体には自己再帰性的な(self-referential)側面があり、欧米の情熱的性愛コードにおいても重要な位置を占めていたのである(Luhmann [1982] 1986: 65)。『主婦之友』の紙面に登場する「犠牲者」は「かわいそう」な人々ではあるが、女学校を出たものからなる共同体のなかでは悲劇のヒロインたちでもあった。[7]

この章で論じたように、十九世紀米国の「ホーム」のように、大正期の「家庭」は聖化された空間として語られていたのである。聖化された空間は儀礼的相互作用で支えられるし、コリンズ(Collins 1988)が指摘したように、儀礼的相互作用は「道徳的情緒」を産出し、基盤とするものであり、その基盤が侵害されるとそれに対して激しい情緒的反応が起こる。大正期には夫婦関係の質そのものが聖なる「家庭」の基盤ではなかったかもしれないが、少なくとも家庭の聖性を支えるためには夫婦関係のレベルにおいて「師弟」という型にはまる儀礼的コミュニケーション様式や、教養主義的な趣味に一緒に携るといった儀礼的行為など、何らかの儀礼的相互作用を繰り返す必要があったようである。しかしそういった儀礼的空間が維持不可能となった場合、激しい情緒的反応が起こる。大正期の女性の場合、その感情的反応が「煩悶」に水路されたのは、感情的ハビトゥスのあり方と関係しているのであろう。

米国の場合では、十九世紀にロマンティック・ラブの理想が定着してから離婚率が上昇しはじめたが（Griswold 1982）、それは偶然ではないだろう。夫婦愛と家庭生活に対する期待が高ければ高いほど、トラブルが生じやすくなるのである。大正期には神聖なる「家庭」とその支えとなる温かい夫婦関係の理想が定着していたからこそ、場合によっては「煩悶」もあった。近代的夫婦愛という制度の成立には離婚に導く憤りであろうと、「犠牲」に導く「煩悶」であろうと、トラブルが付きものである。

誤解を避けるために最後に断っておくが、戦前期の「家庭」における婚姻形態や夫婦関係は「近代的」なものであったということは、それを理想化するということではないのである。ベック（U. Beck）が論じるように、「平等」や「業績主義」を理念とする「近代社会」ではあるが、「近代家族」は徹底した性別役割分業に基づいていたという意味で、そこには不平等または属性主義が色濃く残存していた。このような二重性という「矛盾」が「近代」という時代の大きな特徴であり、「家族」という私領域にもっとも顕著に表れているのである。そしてベックが言うように、このような、近代家族に組み込まれているベックの言葉でいう「封建的な」側面は伝統社会の遺跡として処理すべきものではなく、近代的産業社会の「産物」でもあり、近代社会の「基盤」そのものであった。すなわちそれは近代的生活パターンまたは近代における労働システムと表裏一体をなすものであった(Beck [1986] 1992: 106-108)。大正期の『主婦之友』の紙面に登場した「夫の良き内助者」としてのアイデンティティや、「師弟」として語られる夫婦関係は不平等な夫婦関係に基づいていたことは明らかである。そこには近代という時代の二重性や「矛盾」が色濃く表れている。しかし、それは伝統的家父長制における夫婦関係とは異質なものであった。「愛」という理想を貫くあらゆる努力をし、「愛」のために「犠牲」となる女性像を特徴とする夫婦の姿の背景にあったのは、近代的「友愛結婚」の誕生であった。

Ⅲ　「恋愛結婚」と「近代家族」

第五章 「恋愛結婚イデオロギー」再考

近代家族におけるバリエーション

デュルケムは「家族社会学への入門」というエッセイのなかで、自然科学では「実験を通して原因を発見する」ことができるが、家族の歴史や形態を研究するにあたって同じような実験を行うことはもちろんできない、と述べている（Durkheim [1888] 1978: 209）。しかし、デュルケムは言う。比較研究を通して、「間接的実験」は可能である。つまり、歴史研究では実験のように人工的な状況をつくることはできないが、しかし、研究の対象となっている現象が歴史的過程を通じて、その現象の「基本的同一性」や本質は維持されながらも、置かれた状況によって形態が異なるとすれば、分析は可能である。実験の場合は実験者がこれらのバリエーションを人工的に引き出すが、バリエーションが歴史のなかで自発する場合は、「この方法を間接的実験の方法とよぶことができるのではないだろうか」という（ibid.: 201）。そして、「この方法によって家内的関係を説明することが可能となる」（ibid.）。重要なのは、それがさまざまな社会のなかでどういった形式をとるかを観察し、それらを比較することである、とデュルケムは言う。

近年の近代家族論は、デュルケムが重要視した比較の観点に欠けていると言わざるをえない。「近代家族」をキーワードにしながら日本の近代家族論を整理した落合恵美子が主張するように、「あれも近代、これも近代とレッテル貼りをしているだけではもはや足りない」のである（落合 1996: 47-48）。むしろ、「各地域に固有な多様性に富む伝統的家族システムが近代化という共通の変化に出会ったとき、いかなる変容が起きるか、あるいは起きないか…（中略）…変化のパタンの地域的バリエーションはどのようなかたちで生じるか」ということこそがこれから検討すべき課題なのである（ibid.）。

近代家族の日米比較に限定して言えば、相違点や「バリエーション」の一つとしてあげられるのは、米国では近代家族の誕生と「恋愛結婚」の誕生が同時期であるのに対して、大正期の新中産階級の間から登場した「家庭」という日本型近代家族は「恋愛結婚」の媒介なしに成立した、ということである。瀬地山角に言わせれば、「日本の近代家族の大きな特徴」とは、「近代家族の誕生段階で欧米では恋愛結婚が同時に誕生しているが、日本で…（中略）…恋愛結婚の一般化は、近代家族の誕生よりもかなり遅れることとなった」ということである（瀬地山 1996b: 228-229）[1]。これが「日本の近代家族の大きな特徴」の一つであるとすれば、多くの比較研究のきっかけとなっているはずだが、実際のところそうはなっていない。理由は、瀬地山の「遅れることとなった」という言葉からも窺えるように、それは「地域的バリエーション」として認識されているのではなく、単なるタイム・ラグの問題として処理されているからである。すなわち、タイム・ラグが多少あっても、戦後日本では恋愛結婚が普及すると同時にロマンティック・ラブ・イデオロギーが定着した、しかもそれは近代家族の一つの側面である、というのが通説となっている。

たとえば、目黒依子の次のような記述はその代表的なものであると言える。

多数派であった見合い結婚の割合は漸減し、恋愛結婚の割合が1950年代前半に急増して、その割合が入れ替わったのは1960年代の半ばであった。その後も恋愛結婚の割合が増え続けて9割に至っていることから…（中略）…家族形成に関する愛情によって結ばれる夫婦という近代家族の側面（romantic love ideology）は日本社会にいち早く受容されたといえる。（目黒 1999: 5）

戦後日本にみられる「見合結婚」から「恋愛結婚」への移行の背景には、愛情のある夫婦生活への憧れといったものが一つの要因になっている印象はたしかに受ける。しかし、温かい夫婦関係とロマンティック・ラブに基づく配偶者選択および夫婦関係とが別の次元の現象であることは、仮にピューリタンを例にとってみても、明らかである。欧米では配偶者選択が「ロマンティック・ラブ」に基づくようになったのは十九世紀であったが（Luhmann 1986; Giddens 1992）、ピューリタンはすでに十七世紀の時点で比較的に自由な配偶者選択を実施していたし、彼らはまた（必ずしも情熱的とは言えないものの）愛のある夫婦生活を理想としていたのである（Leites 1982; Rothman 1984）。欧米において温かい夫婦関係の理想およびそれを実現している社会階層がすでに十七世紀から存在していたとすれば（Stone 1977）、十九世紀の欧米では「ロマンティック・ラブ」の理想が登場してから、婚姻と「恋愛」との関連がそれ以前とどのように変わったかという課題と、または比較の観点から、同様なことが日本で起こったかどうかという課題が浮かび上がる。そして、本書でみてきたように、それは配偶者選択が比較的に自由になったかどうかという構造的な問題に還元できるようなことではなく、人々が婚姻や恋愛にどういった意味を与えているか、という問題と深くかかわってくるのである。換言すれば、個々の社会のシンボル・システムや「文化」とかかわっている問題であり、「近代化」というマジック・ワードだけでみえてくる問題ではない。

「『近代化』という言葉には、既に決定論的歴史主義《ヒストリシズム》あるいは単系的《ユニリニアー》発展論の匂いがある」という文章は（村上 et al. 1979: 5）、村上泰亮、公文俊平、佐藤誠三郎らが一九七〇年代に執筆した著作の冒頭部分にあたる。当時はまだ「単系的発展論」としての近代化論または収斂理論がパーソンズの機能主義と絡み合った形で、社会科学に大きな影響を及ぼしていた時代であった。しかし今や、近代化によって社会システムおよび文化システムが収斂してくるという近代化論の前提は誤まっていたことが広く認められつつある（e.g. Alexander 2003; Eisenstadt 2002）[2]。近代化はある程度まで共通の変化をもたらすものの、同じ「近代社会」の間においても、社会システムのレベルにおいても、文化システムにおいても、かなりのバリエーションがあることがわかってきたのである。

この観点から日本と米国の両国に登場した近代家族における婚姻に注目すると、大きなバリエーシヨンがあることは明らかである。まず、配偶者選択過程に関しては、アメリカの場合は、配偶者選択は本人中心制度（participant-run selection）に基づくものであったということと、ロマンティック・ラブは配偶者選択の唯一の正当な動機とみなされた、という特徴が見受けられる。日本でも、ロマンティック・ラブのイデオロギー的な要素の影響は小さいものではなかったし、大正期の新中産階級においては、配偶者選択パターンも夫婦愛のパターンも「友愛結婚」という近代的なパターンにあたる。しかし、配偶者選択においては結婚する本人の幸福が考慮されていたものの、ロマンティック・ラブが優先されたわけではない。また、文化システムのレベルにおいては、夫婦間の愛情をめぐる言説やそこに登場するシンボルは第一章で取り上げたロマンティック・ラブにまつわるそれとは異なるものであった。それは、大正期の「家庭」が何らかの近代的な要素を欠如していたということを意味するのではなく、むしろ、J・S・ミル（Mill 1881）の有名な比較分析において用いられる「合致の方法」（Method of Agreement）や「差異の方法」（Method of Difference）にしたがって検討すれば[3]、「近代家族の側面」として捉えられてきた「ロマンティック・ラブ・イデオロギー」と呼ばれてきたものは実際には近代家族の必要要素ではないということを物語っていると思われる。夫婦愛そのものは近代家族の普遍的要素の一つとして認めうるかもしれないが、「ロマンティック・ラブ・イデオロギー」に規定される配偶者選択に基づいて成立する婚姻は、近代家族の普遍的側面ではなく、日米比較に限定して言えば、米国型近代家族の特徴として、近代家族における婚姻形態の一つのバリエーションにすぎない。

しかし、こういった見解は、おそらく「異端」として、オーソドックスな通念を脅かすものとみなされる可能性が高いと筆者は懸念している。というのは、「恋愛結婚の普及=ロマンティック・ラブ・イデオロギーの定着」という学問的言説が暗黙の了解で定着しているかぎり、「近代家族」および「恋愛結婚」と「ロマンティック・ラブ・イデオロギー」との相互関係に関しては、こういった地域的バリエーションが存在するということは認識されず、それどころか、その存在が「常識」に相容れない知見として反射的に否定される可能性すらある。ここでその「常識」の要点を簡単に列挙しておこう。

①日本型近代家族の場合は近代的婚姻の成立は戦後の現象である。
②「恋愛結婚」こそが「近代的」である。
③恋愛結婚の普及は「ロマンティック・ラブ・イデオロギー」が定着したことを意味する。
④ロマンティック・ラブに基づいた配偶者選択および夫婦関係は近代家族の普遍的特徴である。

言うまでもなく、これらの「常識」は本書の論点と矛盾する点が少なくない。たとえば、前章では、日本の場合は、近代的婚姻形態の成立がみられるのは戦後ではなく、戦前であると主張した。しかも、それは、「恋愛結婚」ではなく「友愛結婚」であったとも主張した。さらに、「ロマンティック・ラブ・イデオロギー」は近代における普遍的な特徴ではないと主張した。こういった知見は既存の常識に背反する。そこで、本書の論点をより説得力をもつものにするために、まずは既存の「常識」――既存の「パラダイム」――を相対化する必要があると思われる。したがって本章の目的は、家族社会学でみられる恋愛や恋愛結婚に関するこういった「常識」を脱構築化することである。

前半ではまず、さまざまな観点から「恋愛結婚の普及=ロマンティック・ラブ・イデオロギーの定着」という学問的言説を相対化していく。特に問題視するのは、「恋愛結婚」という用語の社会学的用語としての適切性と、「恋愛結婚」対「見合結婚」という二項対立図式の妥当性である。そして後半では、既存の代表的な恋愛結婚論を取り上げて、その言説の背後には理論的バイアスがあることを提示し、それをクリティークする。そして最後に、「文化」としての「ロマンティック・ラブ・イデオロギー」の理解の必要性を提唱する。

「恋愛結婚」という用語

そもそも「恋愛結婚の普及＝ロマンティック・ラブ・イデオロギーの定着」という学問的言説を正当化するメカニズムは「恋愛結婚」という用語自体に潜んでいる。これは用語上のトリックであり、多くの混乱のもととなっていると思われる。したがって、「ロマンティック・ラブ・イデオロギー」と近代家族の相互関係を考察するにあたって、「恋愛結婚」という一般用語の社会学的用語としての適切性をまず見直す必要がある。

「恋愛結婚」という表現は「見合結婚」という表現に対置する言葉として生まれたものであると思われ、今なお配偶者選択の問題を「恋愛結婚」対「見合結婚」という二律背反する範疇に還元する傾向がある。つまり、上子武次が指摘しているように、「わが国ではこの問題を表現する言葉として一般に、日常的にも、研究においても、恋愛結婚か見合い結婚という言葉が使われている」のである。だが、上子も論じているように、「それは適当ではない」（上子 1991: 25-26）。問題は二つあると思われる。第一に、「恋愛結婚」は「本人自身の決定」あるいは「自由選択」に基づいた結婚を意味する用語として使われているが、選択が自由になった場合でも「恋愛」を求めるとはかぎらないため、自由選択に基づいた結婚を「恋愛結婚」と呼ぶのは誤解を招くことになると言わざるをえない。もちろん配偶者選択において「真の恋愛」の有無を第一に考える人もあろうが、一九八〇年代の高学歴、高収入、高身長を意味する「三高」という流行り言葉の存在自体が物語っているように、「恋愛結婚」という名のもとに、堂々と、将来の配偶者に対する条件には「恋愛」とは無縁な社会的地位や経済的な力を優先することは十分可能である。実際、上野千鶴子のように、日本では『自由選択』になっても、結婚に対する期待の内容は以前とあまり変っておらず、したがって配偶者選択の条件も制度的な結婚とあまり違わない」と指摘する社会学者もいなくはない（上野 1990: 182-183）。配偶者選択を自由にしても、それを情熱的な恋愛に基づいて選択をするのはその必然的結末ではないし、合理的結末でさえない。自由選択が一般化すると、それはロマンティック・ラブ・イデオロギーが一般化しているという合理性・論理性を欠いた結論に簡単に導かれることの背景には、「恋愛結婚」という誤ったネーミングの役割が大きいと思われる。

そして第二に、「恋愛結婚」は一般的に「本人自身の決定」に基づいた結婚として捉えられているが、それが「自由選択」(completely free choice) による、完全な意味での「当事者選択」(participant-run selection) でない場合もある。つまり、結婚する本人が自由に結婚したい人の選択を下す際に、何らかの理由でその人との結婚を決行する前に親や親戚の許しが必要である場合、その必要性は法による外的強制の場合でも、親孝行などの規範による文化的・内的強制の場合でも、それが「自由選択」（completely free choice）であるとは言い切れないのである。換言すれば、配偶者選択が「自由」であるかどうかを考える場合には、親が何らかの形で拒否権を握っているかどうかという変数を計算に入れなければならないのである。現代中国の結婚問題を研究しているピメンテル（E. Pimentel）はこの問題をはっきりと認識しており、「干渉結婚」（negotiated marriage）という用語を用いている（Pimentel 2000）。日本では基本的に子どもが自分で結婚相手を選ぶ際に、親が拒否権をもつ場合でも、もたない場合でも、どちらも「恋愛結婚」と呼ばれるが、ピメンテルが設けた範疇では、前者は「干渉結婚」（negotiated marriage）の一種であって、自由結婚（completely free marriage）ではない。先に述べたように、配偶者選択の問題は一般的に「恋愛結婚」対「見合結婚」という二律背反として考えられているが、その理解の仕方における限界を明示するためには「干渉結婚」という概念は有効であろう。

配偶者選択がどの程度「自由」なものであるかを考えていくと配偶者選択における「決定権」の問題に突きあたる。歴史家ストーンが配偶者選択における「決定権」に関する四つの基本的パターンを示したので、ここでストーンのモデルに沿って「恋愛結婚」と「見合結婚」の二律背反の図式を再検討するとよいだろう。ストーンの「決定権」に関する四つの基本的パターンは次のようなものである（Stone 1977: 270）。

①結婚相手を選ぶのは親や親族であり、結婚する本人の意志は考慮されない。

②結婚相手を選ぶのは基本的に親や親族ではあるが、結婚する本人に拒否権が一応、与えられている。（具体的に、結婚相手の候補者が決まってから、結婚する本人に一度か二度会わせて、結婚する

本人に異論がなければ婚約が決まる。）
③結婚する本人が基本的に自分で結婚相手を選ぶが、親が一応、拒否権をもつ。
④結婚する本人が自分で結婚相手を選ぶ。親には拒否権がない。

日本では①のパターンも②のパターンも同様に「見合」と呼ばれるが、ピメンテルの基準で言えば①は「取り決め婚」（completely arranged marriage）にあたるのに対して、②は「干渉結婚」の一種となる。現代で言う「見合い結婚」の典型は②にあたるが、上野千鶴子が説明するように、『見合い結婚』とは言っても、実際には結婚前に一度も見合うことさえない状況が長くつづいた」のである（上野 1998: 98）。つまり明治時代の一般的な「見合結婚」は①のパターンにあたるものであった。前章でみたように、日本では「近代家族」または「友愛結婚」の成立を考察する際に①から②への移行は有意義な変化であると思えるが、配偶者選択や結婚の問題が「恋愛結婚」対「見合結婚」という二律背反として捉えられているためか、そのことがほぼ見逃されてきたのである。[4] それから、先に述べたように、日本では③のパターンも④のパターンも同様に「恋愛結婚」と呼ばれるが、実は③のパターンは「干渉結婚」の一種であり、④のような、自由結婚（completely free choice）ではないのである。

「恋愛結婚」の前近代・近代・脱近代

「恋愛結婚」対「見合結婚」という二律背反する範疇はまた「近代的」対「伝統的」という二律背

反する範疇にしばしばリンクさせられる。しかし「恋愛結婚」を「近代的」現象、「見合結婚」を「伝統的」現象とみなす問いの立て方は歴史を無視した見解に基づいているとも言える。むしろ、「恋愛結婚」対「見合結婚」という単純なカテゴリーに分類するとすれば、日本の歴史のなかでは前者は明治以前の「前近代」に多く、後者は明治以降の「近代」ではじめて多数を占めるようになったということにもなる。明治以前には「見合結婚」らしい配偶者選択のパターン、すなわち「家柄・財産を考慮しての、家長による配遇者の選択」は武士階級を中心に上層部にかぎられていたのである（姫岡 1966: 116）。それに対して、人口の八割を占めた農民のなかでは「恋愛から結婚への道が公認されていた（ibid.）。つまり「恋愛結婚」が「見合結婚」をはるかに上回っていたのである。そして、明治以降、農村への貨幣経済の導入によって、「遠方婚」や戦略的な結婚があらゆる階層にとってはじめて可能になり、それまで上層部にかぎられていた「見合結婚」がだんだん庶民にまで広がるようになったのである（上野 1995: 65-66）。「明治維新から近代化が始まったとするなら、日本では明治の末から大正期にかけて急速に庶民の世界に普及した見合い結婚こそが近代的な結婚であったというしかない」（ibid.: 69）。「恋愛結婚」対「見合結婚」という単純な範疇で言えば、「恋愛結婚」こそが「前近代的」であり、見合結婚こそが「近代的」という、やや皮肉な結論に至る。

もちろん、現代の「恋愛結婚」と農村における配偶者選択制度との間には異なる点が大いにあるが、類似性もなくはない。姫岡勤が指摘するように、村では「結婚当事者の自由な選択が原則的に許されるとはいえ、個人主義的婚姻のような大きな自由はなく、共同体の秩序をそこなわない限度という制約が」あったのである（姫岡勤 1966: 118-119）。つまり、村の婚姻制度は最終的に若者組の統制下におかれたので（瀬川 1972）、原則として若者組が「拒否権」を握っていたと言えるし、その意味においてはそれは一種の「干渉結婚」であったとも言える。「村に若連中娘連中と称するやや干渉に過ぎたる批評者の群があったお陰に、われわれの自由婚姻は幸いにして多くの似合いの女夫を作りえたのである」というように（柳田 1967: 197）、柳田國男のその制度に対する評価はなかなか好意的なものである。現在は若者組などは存在しないが、現代の「恋愛結婚」の場合は親が原則として拒否権を握っているのが現状であるという意味において、それも「干渉結婚」の変種であると言える。親のなかでその拒否権を行使することはそれほど多くはないかもしれないが、ムラの「若連中娘連中」の場合でも、若者組や娘組という同年齢集団が直接的に「拒否」するといった形で交際の過程に干渉することもほとんどなかったろう。問題は配偶者選択に制約が存在するか否かであり、どちらの場合においても、それは抑圧的で強制的なものとして感じるものではなくても、制約がないとは言い切れない。

そしてもう一つの類似性を上げるとすれば、それは、結婚は「自由交渉」の期間を経てからするものになっているということである。村の婚姻制度では、夜這などに代表される「自由交渉」が許されていたことは周知のことである。近代日本においては女性の性的「純潔」に高い価値がおかれるようになったが、その純潔の規範は一九六〇年代から七〇年代にかけて崩壊していった（赤川 1999）。したがって、この時期から多数を占めるようになった「恋愛結婚」の多くは「自由交渉」の期間を踏んでから成立したものであると思われる。もちろん、明治以前の婚姻と現代の「恋愛結婚」の類似性を強調し過ぎてもいけない。しかし、「自由交渉」の期間を経てから婚姻に入るというのは重要な共通点である。それが重要であるというのは、「恋愛結婚」と「ロマンティック・ラブ・イデオロギー」

と「近代家族」との関連を考えるうえでは「純潔概念」の検討が有効だからである。これまで繰り返しみてきたように、「愛―性―結婚の三位一体」とも呼ばれる「ロマンティック・ラブ・イデオロギー」では「純潔概念」が重要な要素であるし、欧米においても、日本においても、近代家族の登場と「純潔」を礼讃する言説は表裏一体となっている。

「ロマンティック・ラブ・イデオロギー」では恋愛と結婚とが接合するのだが、その等式において接着剤として機能するのは「純潔」である。「ロマンティック・ラブ・イデオロギー」の同義語として「愛―性―結婚の三位一体」という表現がしばしば用いられるのはそのためである。つまり、「愛―性―結婚の三位一体」によって結婚は恋愛によってのみ正当化されると同時に、性交渉は結婚によってのみ正当化される仕組みが働き、結婚まで「純潔」を保つことに大きなウェートがおかれることになる。換言すれば、「ロマンティック・ラブ・イデオロギー」の大きな特徴は、結婚は恋愛に基づくのみならず、「純潔」が大きな役割を果たしており、「純潔」という重要な要素を付け加えると「愛―性―結婚の三位一体」という形で結実するのである。しかし、日本の場合は、「純潔」の規範が健全だった頃はまだ「見合結婚」が主流であった。「恋愛結婚」が多数を占めるようになった一九六〇年代は「純潔」の規範が揺らいでいた時期であり、「恋愛結婚」がごく一般的になった時期には「純潔」の規範はほぼ崩壊していたのである。

日米を問わず、「純潔概念」こそが「近代家族」にともなう現象であると思われるが、そうであるとすれば、現在の「恋愛結婚」は「近代的」というよりは「脱近代的」と言うべきかもしれない。大正期のインテリの恋愛論を分析した菅野聡美が言うように、戦前の時期と比べて、現在は「恋愛という言葉の意味内容が軽くなり価値が低下した。すなわち恋愛の安直化である。……（中略）……男と女が出会ってセックスすれば恋愛である、というように、恋愛という言葉は空疎なものになった」と思われる（菅野 2001: 224）。出会ってセックスすることが「恋愛」というのなら、明治以前の夜這からなる恋愛関係とどう違うのかは明らかでない。[5] なるほど、近年においては、一九七〇年代以降、性的「自由」が婚前の男女関係の特徴となるようになった現象を伝統的な「色への回帰」として捉える論者さえ出てきた（e.g. 佐伯 1996; 牟田 1997）。しかし、現代の性的「自由」への趨勢は伝統的性規範への回帰の結果ではなく、それが伝統的性規範を連想させる原因は前近代と脱近代との表面的類似性にあると考えるべきであろう。[6]

日本では、「純潔」を土台とする「愛—性—結婚の三位一体」という「ロマンティック・ラブ・イデオロギー」は「恋愛結婚の普及」とイコールでは決してない。それどころか、婚前の自由交渉を含む「恋愛結婚」の普及は「ロマンティック・ラブ・イデオロギー」の敗北を意味するとさえ言えるかもしれない。少なくとも、「恋愛結婚の普及＝ロマンティック・ラブ・イデオロギーの定着」という見解を疑う余地は大いにあると言ってよいだろう。それにもかかわらず、「恋愛結婚の普及＝ロマンティック・ラブ・イデオロギーの定着」という学問的言説が疑問を抱かれずに受け入れられてきたのはなぜか。次節で論じるように、それは、「恋愛結婚」こそを「近代的」なものとして捉える見解、そしてロマンティック・ラブ・イデオロギーを「近代家族」の側面として捉える見解の背景に、単純な発展段階論に立脚している近代化論を特徴とする理論的バイアスがあるからであると思われる。

既存の恋愛結婚論の限界と可能性

日本の社会学者のなかで「恋愛結婚」について論じたのは、井上俊を嚆矢とすると考えてよいだろう。それから、現在の家族社会学者のなかで、「恋愛結婚」の問題を正面から取り上げている代表的な論者としては山田昌弘をあげることができる。両者の著作のなかに登場する恋愛結婚論には約三十年のタイム・ギャップがあるが、それらの論説にみる共通点と差異点とが、これまでの恋愛結婚論の限界、またはこれからの展開の方向性に対して示唆的なので、一緒に取り上げることにしたい。

機能主義的アプローチの限界

両者の共通点として、恋愛結婚イデオロギーを「社会の秩序の要請」に応えて登場した現象、あるいは近代社会が「必要とした」ものとみなす姿勢をあげることができる。いわば、機能主義的アプローチである。両者は同様に、「恋愛と結婚の対立（の危険性）」（山田 1994: 123）、あるいは「恋愛（およびそれにともなう性活動）の反秩序のエネルギー」の危険性を問題とし（井上 [1969] 1973: 160）、恋愛と結婚の結合は近代社会の要請に沿って必然的に登場した現象であると論じている。[7] しかし、両者の論説を比べると、重要な違いを指摘することができる。すなわち、井上はあくまでも「西欧社会」あるいは「一九世紀のブルジョア社会」について論じているのに対して、山田は「近代社会」一般について論じている。つまり、山田は「近代的恋愛」について言及していることからわかるように、恋愛を「近代」対「前近代」という軸で分別し、前者の「近代」の恋愛について論じているのに対して、井上は恋愛を「文化」として把握し、具体的に「異性愛のヨーロッパ的変種」について論じている。

井上は「文化としての恋愛」の視点に立っていることから、「恋愛結婚イデオロギー」が日本でどのような影響を及ぼしたかという問題に関しては非常に慎重な姿勢を示し、論文の最後に、「わが国における恋愛結婚理念の受容過程とそれが果たした機能の問題は、きわめて興味深いテーマを構成するけれども、ここでふれることができない」と述べている（井上 [1966] 1973: 198）。ところが、井上と対照的に山田は、単純に日本における恋愛結婚の普及を「近代的恋愛」の普及とみなすことから、戦後の恋愛結婚の普及はロマンティック・ラブ――山田の言葉で「近代的恋愛」――が日本社会に受容されている証拠とみなしている。つまり、「一九六〇年代半ばに、恋愛結婚が見合い結婚を上回」ることから「近代的恋愛が、実態として日本で普及するのは、一九六〇年代の高度成長期以降」であると判断する（山田 1994: 132）。〈恋愛結婚の普及＝「近代的恋愛」の定着〉という先に取り上げた目黒依子の見解と同じ立場である。山田が「近代社会が近代的恋愛を必要とした」と論じているように（山田 1994: 133）、山田にとっては「近代的恋愛」はこのように、地域と関係なく、近代社会の要請に沿って必然的に登場する現象である。

ここに潜む理論的立場というのはパーソンズの「反歴史的」（anti-historical）（Skolnick 1993）機能主義に限りなく近いものである。それが反歴史的であるのは、規範やイデオロギーやそのほかの文化的現象や社会現象が歴史的プロセスのなかで成立するものとしてではなく、「近代社会」の社会構造のニーズに沿って現れるものとして捉えられるからである。

人々の意識や行動は一方的に社会構造に規定されるという見解は社会学という分野では根強いもの

であるが、近年においてはこういった「客観主義」(objectivism)とも呼ばれる「機械的な」(mechanical)認識論的アプローチはますます批判に晒されることとなった。一方では客観主義は行為者の主体性や主観的意識を認めないという理由から(e.g. Bourdieu 1990; Hansen 1993)[8]、他方では結果的に文化分析の視角を排除するといった理由から(e.g. Alexander 1988a, 1988b, 1990)、非難の的になってきたのである。

社会学における客観主義と呼ばれる系統はマルクス(K. Marx)にまで遡ると言えよう。マルクスにとって、芸術や宗教的現象あるいは知的概念や信念体系などの上部構造に属する文化的現象はすべて社会の物質的側面である下部構造に規定されているということはよく指摘されることである(e.g. Bell 1976; Alexander 1990)。その理念的枠組みにおいては、単純化して言えば、人はただ単に機械的に構造的現実に対応して行動しているにすぎないとされることから、人はどういった動機である行動をとり、その行動をどのように意味づけするのか、またはその意味づけがいかに文化に基づいているのか、あるいは文化を生成するのかは考慮されないのである。

それに対して、社会学の古典のなかで、社会的現象を説明するために外的要因の強制的側面と行為者の内面的意味づけや動機とそれに影響を与える文化的現象を説明変数としてもっとも巧みに統合した者としてウェーバーの名をあげることができる。資本主義の生成におけるプロテスタントの心性の役割を分析したウェーバーの名著(Weber [1930] 2001)は特に文化的要素に焦点を当てた論文の好例である。これとの関連で、第一章で述べたように、ギデンズが、「ロマンティック・ラブ複合体(romantic love complex)は、マックス・ウェーバーがプロテスタンティズムの心性のなかに見いだした複合化された諸特性と同じだけ、歴史的に独特なものであった」と言い切ったのは興味深い(Giddens 1992: 40)。「ロマンティック・ラブ」を考える場合においても、それが文化システムのなかでどのように意味づけられているかを問わなければならないのである。機能主義的パラダイムを超えて、「ロマンティック・ラブ」を歴史社会学的観点から捉える場合において、それがいかに「歴史的に独特なものであった」のかという問題を追究することになる。つまり、「ロマンティック・ラブ」を考えるにあたって、それが社会のほかの部分システムとどのような関係にあるのかという構造的関係を考えるのも重要なテーマではあるが、それと同時にそれが文化システムのなかでどのように意味づけられているかを問わなければならないのである。山田にそれができていないのは、彼の恋愛論または恋愛結婚論は還元的な収斂理論と表裏一体をなす近代化論に基づいているからである[9]。恋愛論に必要なのは、むしろ井上の言う「文化としての恋愛」(井上 1973) の理解である。

「文化としての恋愛」の再提唱

逆説的ではあるが、文化としての恋愛現象もあれば、自然としての恋愛現象もある[10]。したがって、概念や定義上、これらを吟味しなければならないし、多くの恋愛論が矛盾や混乱に満ちているのは、この区別がなされていないためである[11]。ギデンズと同様に、井上の恋愛論の優れている点の一つは、この根本的な区別に対する説明が明確になされているところにある。井上は言う。「自然的・本能的衝動に基礎づけられた広い意味での『異性愛』は、あらゆる時代のあらゆる社会にみいだされるであろうが、それぞれの時代、それぞれの社会は、それぞれにちがった異性愛の型をつくりだす。したがって、異性愛は、その具体的な相においては、常に、歴史的・社会的に形成された社会成員によって分有され伝達され学習されるひとつの生の様式として存在している」（井上［1969］1973: 157）。

井上が「異性愛」という言葉で表現していた現象を、ギデンズは「情熱的恋愛」（passionate love）という言葉で表現しているのである。すなわち、「情熱的恋愛は基本的に普遍的な現象である。…（中略）…それは、文化的に特殊な現象であるロマンティック・ラブとは区別する必要がある」（Giddens 1992: 38）。性愛には超歴史的・普遍的な側面があることは誰もが認めることだろうが、普遍的な性愛——井上の言う「異性愛」やギデンズの言う「情熱的恋愛」——を「歴史的に独特なもの」であるヴィクトリア朝の「ロマンティック・ラブ」とも、十二世紀の「宮廷愛」とも、江戸時代の「色」とも区別する必要があるのである。現在の恋愛結婚論にもっとも必要なのは「文化としての恋愛」の理解、つまり文化的現象としてのロマンティック・ラブ・イデオロギーの分析である。

山田は、感情社会学の枠組みのなかで恋愛を論じる点においては、何らかの形で「文化」を考慮に入れている。たとえば、山田によると、感情社会学の特徴は「『感情』もひとつの文化現象として扱おうとする立場」にある。すなわち「感情は決して本能によって一〇〇％決定されているのではなく、文化的要素が重要な役割を果たしている」という（山田 1994: 91）[12]。しかしここで「文化的要素」の「重要な役割」について言及しながら、山田の分析では「文化」の影が非常に薄いのである。あるいは、パーソンズの理論で最終的にそうであったように（Alexander 1990）、文化システムは完全に社会システムに規定されるとされているので、独立変数としての文化システムの影響力は無効と化されている。山田の主な関心は文化システムのなかでの感情の意味づけや生成ではなくて、むしろ感情の、社会秩序を保つメカニズムとしての役割である。しかも山田は主に「『愛情』『恋愛』『恥』などの情緒語」がどのような行動欲求にラベリングされるかという表面的な問題に焦点を当てており（山田 1994: 93）、そういった感情現象が歴史のなかでどのように生成されるかというプロセス、あるいは文化システムのなかでそういった情緒語とそれにまつわるシンボルがどのような意味体系を成しているかという問題には立ち入らない。山田の研究は感情社会学の一端を代表するものなのでそれを全面的に否定するつもりはないが、それぞれの情緒語と行動との関連を観察することだけでは感情を文化現象として分析したことにはならない[13]。アレクサンダーが主張するように、イデオロギーや信念体系は社会的行動の観察からは理解できるものではない。むしろそれらを独立的に存在するパターンとして分析しなければ把握することは不可能である（Alexander 1990: 25）[14]。

井上が機能主義的なパラダイムに基づいて「恋愛結婚イデオロギー」について論じた頃は社会学では恋愛論がまだ乏しい時期であったし、理論的立場としてパーソンズの機能主義はまだ覇権的地位を保っていた時代であった。それ以降、一方ではパーソンズの機能主義にみられるような単純な近代化論は確実に否定されてきたし[15]、他方では恋愛論そのものがかなり発展してきた。海外ではルーマン（Luhmann 1986）やギデンズ（Giddens 1992）、国内では大澤真幸（大澤 1996）や橋爪大三郎（橋爪 1995）といった名高い社会学者の恋愛論が書店に並ぶようになってきた。「ロマンティック・ラブ」をめぐって、これだけの社会学的研究が集積されてきた時代であるだけに、家族社会学のなかでも、もはや「恋愛結婚の普及＝（近代家族の一側面である）ロマンティック・ラブ・イデオロギーの定着」という単純な等式に頼らず、文化の視点、および歴史の視点、または比較の視点を取り入れた観点から「恋愛」や「恋愛結婚」というものを考え直さなければならない時代になってきたのではないだろうか。

第六章　自我・恋愛・テロス

近代家族と個人主義

アメリカと日本における近代家族の登場にまつわる状況に注目すれば、差異点もあれば共通点もみいだせる。J・S・ミルは比較分析において用いられる二つの別個の基本的な方法の存在を指摘したことは有名であるが、どちらの方法も差異点に着目することからはじまる。「合致の方法」(Method of Agreement) は、別の異なる状況で同じ現象が起こる時に用いられる方法であり、この場合においてはそれらの状況間の差異点を指摘できれば、それらの差異点はその現象が起こるための必要条件あるいは必要要素でないということがわかる。他方、「差異の方法」(Method of Difference) は、似たような状況のなかで同じ現象が起こらない時に用いられる方法であり、この場合においてはそれらの状況間の差異点を特定することによって、ある現象が起こるためには、どの要素が「欠如」しているかがわかる（Mill 1881: 280-282）。

前章ですでに近代化論にふれたが、異なる歴史や伝統をもつ社会が近代化するにつれて「収斂」（converge）し、似てくるはずであるという前提に基づく単純な発展段階論を特徴とする近代化論というパラダイムのなかで、暗黙のうちに、「差異の方法」に沿って、近代日本の社会が注目され、評価されてきたのではないだろうか。つまり、「近代」という「共通」でパラレルな（とされてきた）状況のもとで、欧米と同様の社会的現象が起こらない場合、それは、何らかの必要要素が日本社会に「欠如」しているということになる。「日本欠如論」が多いのは、そのためであろう。しかし前章でも指摘したとおり、今や、近代化によって社会システムおよび文化システムが収斂してくるという近代化論の前提は間違っていたということが広く認められている（e.g. Alexander 2003; Eisenstadt 2002）。繰り返しになるが、近代化はある程度まで共通の変化をもたらすものの、同じ「近代社会」の間でも、社会システムのレベルにおいても、文化システムにおいても、かなりのバリエーションがあることがわかってきた。したがって、近代日本の社会制度に注目する際に、欧米のモデルとの差異点を反射的に「欠如」として捉えずに、むしろ「合致の方法」に合わせて、差異点に注目することによって、近代においていかなるバリエーションが生じるかということに注視すべきである。本章では、「ロマンティック・ラブ・イデオロギー」に規定される近代家族を近代家族のバリエーションとして捉えたうえで、そのバリエーションの、「個人主義」と呼ばれる規範との関連性を問う。

近代において「勝利したのは個人主義ではなく、家族」であった、というアリエス（P. Aries）の言葉は有名であり、日本の近代家族論者にもしばしば引用される（e.g. 落合 1996: 33; 牟田 1966b: 70）。そして、その言葉はたしかに、近代日本の家族史に当てはまると言えるだろう。

しかし、アリエス以外には、近代家族と個人主義を相互排除的な存在として捉える立場はほとんどみられない。近代家族論の王道では、近代家族と個人主義との関連で説明するアプローチはより一般的である。むしろ、近代家族の登場そのものを「個人主義」の興隆との関連で取り上げられるのは「恋愛結婚」である。上野千鶴子が言うように、「『愛』の名による配偶者の選択は、産業社会に適合的な個人主義的な婚姻をもたらした」と思われるからである（上野 1996: 11）[1]。アメリカの「近代家族」の姿を明らかにしたデグラーも、「恋愛（love）を配偶者選択の基準にすることは個人主義の最も純粋な表れであった」と断言する。つまり、「それによって個人的嗜好が家族的、社会的、集団的な利害よりも優先されたからである」という（Degler 1980: 14）。

ロマンティック・ラブそのものは個人主義もしくは「自我」という表象の産出と深くかかわっていることはよく指摘されることである（e.g. Lystra 1986; Luhmann 1986; Hendrick & Hendrick 1992）[2]。しかし個人主義は、ストーンが述べているように、「非常につかみどころがなく、論じにくい概念」でもある（Stone 1977: 223; ストーン 1991: 179）。特に日米比較において個人主義について論じる場合、それは「個人主義」対「集団主義」という単純な二項対立図式に還元される傾向があり（e.g. 村上・公文・佐藤 1979）、そのために「日本欠如論」に陥ることが少なくない。

だが論じにくいとはいえ、これは近代家族の登場と配偶者選択の問題との関連で、またロマンティック・ラブを考察するうえでも、避けては通れない問題である。というのは、ストーンとショーター

(S. Shorter) のそれぞれの、日本の近代家族論における「古典」という域に到達している著作においては近代家族そのものは個人主義または「情緒的個人主義」の結果であるとされており、ショーターにとってはその新しい「心性」はロマンティック・ラブの登場――ショーターの言う「ロマンス革命」――と密接に関係している。はたして近代家族の成立と個人主義との関連はどこにあるのか、また個人主義とロマンティック・ラブとの関連はいかなるものであるのか。本章ではこれらの問いを考察するにあたって、まずストーンとショーターのそれぞれの考えを整理し、比較する。その後は十九世紀アメリカにおける個人主義とロマンティック・ラブのリンクに関する考察に入る。

ストーン vs ショーター

近代家族

ショーターの近代家族の定義はよく引用され、紹介されるが、その理由の一つは、それが非常に明確な形をとっているからであろう。ショーターは近代家族の主な特徴として、次の三つをあげている (Shorter 1975: 5)。

①ロマンティック・ラブ (romantic love) に規定される配偶者選択。
②母性愛 (motherly love) に規定される母子の情緒的絆。
③前記の①と②の結合から生じた家内性 (domesticity) に規定される世帯の自律性。

以上の三つの特徴からみてとれるように、ショーターは近代家族を伝統的家族から弁別するものは感情（sentiment）にあるとみている。また、ショーターの論説のもう一つの特徴といえば、近代における感情の激化――ショーターの言葉では「感情の革命」（revolution in sentiment）――を個人主義の産物として捉えているところにある。

英国を対象にしたストーンは「欧米」を対象にしたショーターと同様、近代家族の発祥と個人主義という心性との関連を重視する。英国の十七世紀の終わり頃に誕生し、十八世紀に中産階級と上層部に定着した、ストーンの言う「閉鎖的家庭型核家族」は「情緒的個人主義」の産物であるとされ、近代家族の原型であるという（Stone 1977: 7-8）。ストーンによると、その主な特徴は次のようなものである。すなわち、

①近隣関係と血縁関係より家族の核心を中心とした強烈な情緒的絆の優位
②強い個人的自律と幸福の追求における個人の自由と権利の感覚
③性的快楽に対する原罪の感覚あるいは罪の意識の緩和
④身体的プライバシーに対する願望の高まり

という四つである（ibid.: 8-9; ストーン 1991: 3-4）。しかし、ストーンは家族の変化を歴史の単線的・直線的な発展として捉えるのは誤りであると結論づけ（Stone 1977: 682-683）、ショーターの論説でみるような、家族に適用された単線的な近代化論に対しては批判的な姿勢を示している（ibid.: 658）。

「ロマンス革命」

ストーンと対照的に、ショーターは近代化＝個人主義という等式をはっきりと定める。つまり、シ

ョーターにとって、個人主義は「個人の自己実現」志向であり、そして「近代社会では、個人の自己実現が共同体の永続性よりも優先される」という（Shorter 1975: 19; ショーター 1987: 19）。「伝統的」と呼ばれる行動様式にともなう心性には、三つの特徴をみいだすことができるとショーターは言う。第一に、個人の自由な選択を抑えるメカニズムが働く。つまり家族の場合、就職や配偶者などの選択は家父長に一任され、子どもは親にしたがい、妻は夫にしたがうという具合になる。第二に、自発性や創造性を抑えるメカニズムが働く。その結果、「多種多様でありうる人と人との関係を、無理に不変の様式にあてはめようとする考え、すなわち、伝統的な文化様式に固執することこそ、この社会秩序全体に『伝統的』というラベルをはる根拠である」という（Shorter 1975: 19-20; ショーター 1987: 19-20）。そして第三に、セクシュアリティや性欲そのものを抑えるメカニズムが働くという（Shorter 1975: 99）。

その伝統社会を崩壊させ、近代社会への変動を起こしたのは市場制資本主義の発達であるとショーターは論じている。つまり、「個人主義や愛情といった心性が生まれてきた時期には、農民の日常生活の経済的基盤も大きく変化した」ことは単なる偶然ではなく（Shorter 1975: 255-256; ショーター 1987: 270）、むしろ市場システムで習得された経済的エゴイズムの心性は非経済的生活領域のなかにも浸透した結果であるという（Shorter 1975: 259）。

論述のこの時点で、先に述べた感情の激化と個人主義を結びつけるショーターの独特な視点がみえてくる。それは伝統社会の価値規範を覆すロマンティック・ラブの表われとして、次のように語られる。「個人主義によって共同体への忠誠という束縛を解放された人々は、すぐに自由な性関係をもつにいたったにちがいない。このように、資本主義は労働力市場を介して、ロマンティック・ラヴの出現に影響を与えた」（Shorter 1975: 260; ショーター 1987: 274）。ショーターのロマンティック・ラブの定義では、ロマンティック・ラブを人々の共同体の束縛から解放させる要素を内包している。つまり、ロマンティック・ラブとは、男女の性的関係において自発性（spontaneity）と感情移入（empathy）を引き出すものとして定義している。すなわち、「自発性を重視するのは、それが、伝統的な対人関係、共同体に強要された対人関係の否定につながるからである。カップルにとってロマンスは、自己省察と自己陶冶のための契機となる。しかもこの内面への旅には道標がない」と述べている（Shorter 1975: 15; ショーター 1987: 15）。結局、伝統社会の三つの特徴とされた、個人の自由な選択を抑えるメカニズム、自発性を抑えるメカニズム、そしてセクシュアリティを抑えるメカニズムのすべてがロマンティック・ラブによって覆されるという論説である。ショーターはその歴史的過程をロマンス革命（romantic revolution）と呼ぶ。

ショーターは近代家族論において感情やロマンティック・ラブを強調することで、さまざまな批判を招くこととなった。たとえば、山田昌弘は感情社会学の視点から、「自然に生じてくる実態としての『感情』を把握している」ことと、「近代化とともに感情が解放されるようになったという『近代化＝感情の解放』」というショーターの史観を批判している（山田 1994: 100-101）。また、上野千鶴子はショーターの論述におけるロマンティック・ラブに与えられている比重の大きさを批判する。その批判には先に述べた「ロマンス革命」という概念の要点が簡潔にまとめられているので、そのまま引用する。

ショーターは、「ロマンス」を配偶者選択にあたっての「非功利主義的選択」と定義する。娘が親に逆らって、貧しい若者を夫に選べば、そこには「ロマンス」があったことになる。ショーターによれば、一九世紀半ばの「婚外子出生の波」も、「若者のあいだのエロチシズムの高まり」を意味する。それは、若い男女が、「実利的な動機」に代わって、自分の「感情」や「性衝動」に忠実にふるまいはじめたことを意味する。そしてそのような人々の「心性」の変化を、ショーターは、「ロマンス革命」と呼ぶのである。だが、「心性」を強調する家族史家としてのショーター自身に、「ロマンス」の「ロマンス化」romanticization of the romance が見られないだろうか？（上野 1994: 86）

たしかに、ショーターの論述には、陥穽や矛盾がある。だが、ショーターがロマンス化しているのは「ロマンス」ではない。ショーターがロマンス化しているのは第一にセックスであり、第二に資本主義である。ショーターによると、一七五〇年から一八五〇年の間には「性革命」、もしくは「婚前性革命」が起こったという。その証拠として、その間の非嫡出子の出生率と婚前妊娠の数の上昇をあげている（Shorter 1975: 97）。ショーターによると、婚前性交が一般的となった一九六〇年代の終わり頃から七〇年代の初めに起こった「性革命」と同じように、十八世紀の終わり頃に「第一の性革命」があって、婚前性交が普及し、若者はそれを通して「自己実現」を目指したという。しかし、一九七〇年代に書き記したショーターの「婚前性交＝『自己実現』」という前提は、現在の観点からみると、当時の性革命の思想の産物にほかならないとしか思えない。性を理想化するショーターの思想もその意味で一九七〇年代の性革命の産物であったと言わざるをえない。

非嫡出子の出生率と婚前妊娠の数の上昇はたしかにみられたが、同時期のヨーロッパでは売春と性病の著しい増加もそれと相応にみられた。マースティン（B. Murstein）によると、当時の売春の増加の原因の一つは低賃金労働者の階層の出現にあるという。工場で働いている女性の賃金は特に低く、副収入なしでは生計を立てることが困難だったと思われる。工場長などに性的行為を許す女性は収入が激増したと考えられ、外交官は「夜の相手」を選ぶために工場に連れて来られたこともあったという（Murstein 1974: 272-274）。ショーターもこの可能性を完全に見逃しているわけではない。『近代家族の形成』の最後の方では、「これらの女性は自ら進んで資本主義を求めたのは、自由への希求が芽生え、個人的自立や性の冒険に対する願望が気持のなかにおこってきていたためだろうか。それとも、彼女たちはやむをえない事情から、伝統社会の安息の地から引き離され、このような自分に似合わない新しい経済環境に追いやられて、そこで性を食いものにされたのだろうか」という自問に対して、「わたしは前者の可能性が高いと考える」と答えているが（Shorter 1975: 261-262; ショーター 1987: 276、訳に変更あり）、これは先に述べたとおり、性や資本主義の「ロマンス化」と言ってよいだろう。

「情緒的個人主義」

一方、ストーンは、資本主義の精神は個人主義的心性に貢献したと認めながらも、近代家族は直接的に産業化の影響を受けた労働者階級ではなく、中流階級の間から誕生したと考えているので、産業化と近代家族との適応性を否定する（Stone 1977: 664）。しかも、ストーンにとって、資本主義的経済の発達と中産階級の形成といった経済的・社会的要因は個人主義の必要な条件ではあっても、十分な条件ではない（ibid.: 261）。ストーンの見解では、近代家族の形成は近代化にともなう伝統社会の価値規範の衰退だけでは説明できず、歴史的・文化的要因から成長した「情緒的個人主義」（affective individualism）が重要な役割を果たしていると強調する。

先に述べたように、ストーンは個人主義を「非常につかみどころがなく、論じにくい概念」として記述しているが（Stone 1977: 223; ストーン 1991: 179）、ターナー（B. Turner）は、個人主義という言葉の定義の困難な理由の一つとして、もともと区別すべき二つの言葉、すなわち「個人主義」（individualism）と「個人性」（individuality）とが混乱されて語られることをあげている（Turner 1991: 159）。ターナーの定義によると、「個人主義」は権利の教義であり、それは一般的にカルヴィニズムに由来するとされ、政治的個人主義、法的個人主義、経済的個人主義という形をとっていったと考えられる。それは市民社会を構成する個人の権利と義務をめぐる思想であり、個人の内面的発達や精神的状態とは関係がないという。個人の内的主体性・自律性と絡んでくるのは、ターナーによると、「個人性」（individuality）という概念であり、それはロマン主義的文学や哲学に代表されるような功利主義に対する反発として生まれたという[3]。

ストーンは「個人主義」という言葉において二つの個別な意味を指摘している。一つ目は「個人の人格に対する内省とそれへの興味の増大」のことであり、これはターナーの言う「個人性」に対応している。二つ目は「プライバシー、自己表現、そして社会的なまとまりの必要上設けられた種々の制約の範囲内での個人の意志の自由な行使などに対する個人の権利の尊重、つまり、過剰な服従を要求したり、社会的および政治的な目的を達成するために、ある限度を超えて個人を操作したり拘束するのは道徳的に誤りであるという認識」のことであり（Stone 1977: 223-224; ストーン 1991: 179-180、訳に変更あり）、これはターナーの言う「個人主義」に対応している。前者の「自我に対する新しい関心」の表れとして、ストーンは、自己表現に対する願望を示す日記、自叙伝、ラブレターといった新しい著述物の分野の発達をあげている。そして、後者は十七世紀末から現れたという。

十七世紀までは個人の欲望は公益に従属されるべきであるとされ、そのために家族と国家において厳しい家父長権による統制が必要とされたが、それに対して、十七世紀末と十八世紀には「最も重要な知的革新の一つ」が起こり、つまり、利己的な個人の幸福の追求はそれ自体公共の福祉に貢献するものであり、美徳であるとする理念が広まった。これは、個人の利得欲求の追求は、全体の経済的利益を増大させる自動調節的な市場経済を生み出すと主張したアダム・スミス（A. Smith）の理念と同類のものである（Stone 1977: 236-257）。

このような理念は家族における家父長制や家庭内の家父長権にも影響を及ぼすこととなる。たとえば、二十一歳以下の者が結婚する場合、両親の同意が必要であるとするハードヴィック（Lord Hardwick）の「結婚法案」の条項が一七五三年に議会で議論された際、倫理上の理由からそれへの反対意見が述べられたことは、ストーンによると、個人主義的な理念が地主階級のものの考え方に浸透していたことを物語っているという（ibid.: 241-242）。

十七世紀末から十八世紀にかけて、配偶者選択における意志決定権に関する議論が英国のさまざまな活字メディアで巻き起こり、長く続いた。またそれと同時期に、結婚する動機として「利益」と「愛情」のそれぞれの比重や優先順位に関する議論も沸き起こった。配偶者選択における意志決定権に関しては、結婚する本人の相手を選ぶ自由を認めるという意見が徐々に広まり、商人層、専門職層からなる中産階級にも、地主階級にも一般的なものとなっていった。結婚する動機に関しては、金銭的な重要性は否定され、愛情（affection）が重要視された（ibid.: 280-281）[4]。

ストーンの説明では、活字メディアへのアクセスをもった中流階級がもっとも個人主義思想の影響を受けたと推測できるが、それは「閉鎖的家庭型核家族」が中産階級の間から生まれたというストーンの主張と合致している。それに対して、ショーターの論述は解決しようのない矛盾を孕んでいる。つまり、ショーターは近代家族の二つの特徴、母性愛と家庭愛は中産階級に起因しているとみているにもかかわらず、ロマンティック・ラブを「第一の性革命」と関連づけて説明しているために、近代家族のもう一つの特徴であるはずの「ロマンス革命」を労働者階級から発生する動きとして説明している。

先に述べたように、「ロマンス革命」という概念でショーターは結果的に性と資本主義を理想化することになるが、そもそもショーターの「ロマンス」、あるいはロマンティック・ラブに対する理解は浅く、ナイーブなものであると言わざるをえない。ショーターはロマンティック・ラブの出現を「感情の解放」の結果であるというが、ロマンティック・ラブはこれまでみてきたように、感情現象としての側面をもつとはいえ、単にそれだけではない。近代家族の誕生にともなう「友愛結婚」の出現を説明する試みとしては、ストーンの個人主義を中心とする解釈の方がよほど説得力があると思える。

ただし、ストーンの説明では、自由な配偶者選択がどのように、「個人の意志の自由な行使などに対する個人の権利の尊重」という個人主義の側面とかかわっているかが明らかになっているとはいえ、「個人の人格に対する内省とそれへの興味の増大」とロマンティック・ラブとの関係については解き明かせているとは言えない。後者はターナーが言うように、ロマン主義思想運動とかかわっており、ここには個人主義とロマンティック・ラブの重要なリンクがあるようである。ベラーによると、アメリカの十九世紀の中頃からロマンティック・ラブの理想とともに現われてきたのは「表現的個人主義」(expressive individualism) であり、それによって、公共の世界と切り離された「内面的・情緒的自我」は幸せな人生における「成功」の印であると考えられたという (Bellah et al. 1985: 34)。この「内面的・情緒的自我」という表象の成立は十九世紀のアメリカのロマンティック・ラブの重要な側面である。

「ロマン主義的自我」という表象

アメリカの十九世紀に、ロマンティック・ラブの隆盛にともなった、個人の心理的状態の探究と特定の他者へそれを伝える過程において、社会的役割を超えるアイデンティティの存在への信念が誕生した。これは十九世紀のラブレターを検討したリストラによって「ロマン主義的自我」(the romantic self) と呼ばれた。この「ロマン主義的自我」は、ロマン主義の伝統においては社会的役割の束縛から脱出しきった自由な個人としての「真の自分」として理解されていたのである。[5]自我とロマンティック・ラブの密接な関係は大澤真幸によって次のように表現されている。

> ロマン主義的な愛を定義するのは、…（中略）…第一に、愛を表現する行為が、内面の主観的＝主体的な表現と見なされ、愛の対象も他者の主観化された世界の全体となる。一九世紀近代の革新は、個人が、世界の全体がそれとの関係で相対化されるような〈主体＝主観〉として構成され、〈内面〉に帰せられるような同一性《アイデンティティ》を獲得したことにある。愛は、この〈主体〉に帰せられる選択として強く自覚され、またその愛の対象も、相手の外面的な特徴ではなく、内面的な〈主体＝主観〉（他者の独自の世界観・価値観）そのものとなるわけだ。（大澤 1996: 90）

さらに、大澤によると、「愛の同一性は、超越的な視点によって保証されているのである」という（大澤 1996: 94）。「この超越的な視点は、ピューリタニズムにおいて理念的な実現をみたような純粋な超越性が、なんらかの機制によって、個人の〈内面〉を構成する一契機へと変換されたことの帰結であると、見なすことができる」（ibid.）。ただし、大澤の説明ではその「超越的な視点」とは何か、またその「なんらかの機制」とはいかなるものか、という問題が残っていると言わざるをえない。

「個人が、…（中略）…〈主体＝主観〉として構成され」ると同時に、そこに「超越性」がみいだせるという現象はおそらくデュルケムが「道徳的個人主義、即ち人間個人の崇拝（the cult of the individual）」（Durkheim [1924]1965: 59; デュルケム 1985: 83-84）と呼んだ現象と密接な関係にあると推測できる。デュルケムの言う個人主義の大きな特徴はこのような個人を対象とする「宗教的性格」であった。なるほど、デュルケムの聖―俗理論を近代的現象へ当てはめるもっとも有名な事例はおそらく近代的個人主義や近代的「個人」や「人格」を聖―俗論の枠組みを通して説明する試みであろう。[6]「近代社会は…（中略）…諸個人に共通する内面的な『人格』を聖化する」というように（井上 1977: 147）、デュルケムは近代社会においては「個人」そのものは聖なるものとしてみなされたと断言する。

十九世紀では、ロマンティック・ラブにおいては先に論じたように「愛」そのものの聖化という現象がみられたが、恋愛に携わる行為者同士の相互作用を通して、相手を崇拝すると同時に相手に崇拝されるプロセスのなかで、個人の聖化や「個人崇拝」あるいは「人格崇拝」[7]がロマンティック・ラブの構造に組み込まれたと考えられる。リストラの言う「ロマン主義的自我」の形成の裏にあるのはこのことであると考えられるし、これがまた、大澤が言う「純粋な超越性が、なんらかの機制によって、個人の〈内面〉を構成する一契機へと変換され」るというメカニズムの背景にもあると推測できる。

儀礼行為に基づくものとして、恋愛関係がダイアドから成り立っているからこそ自己の聖化や自己崇拝のきっかけとなりがちであると言えるだろう。第一章で取り上げたコリンズ（Collins 1988）の論説でみたように、恋愛行為がダイアドに基づくことによって儀礼行為が喚起されるが、このようなダイアドからなる儀礼が「聖なる自己」の形成を築くという指摘はゴッフマン（Goffman 1967）に遡る。いかなる契機によって「自己の崇拝」がダイアドの相互作用のなかで結晶化されるかはまた、最近では森真一の論文から窺える。森によると、「人格崇拝は、崇拝する主体と崇拝される対象が同一の自己である」（森 2002: 16）。つまり、相手の「視線を内面化し、他者が自己をみるように自己が自己をみることが可能となるわけ」である（ibid.）。

十九世紀アメリカにおいて、このプロセスが特にコートシップにおけるコミュニケーションで顕著だったことはリストラの研究で明らかになった。たとえば、リストラが言うように、コートシップにおけるコミュニケーションは「精巧で詳細にわたる感情状態」の表現を内容とするものであったし（Lystra 1989: 20）、「男女の間のロマン主義的コミュニケーションは究極の自己啓示（self revelation）であるべき」とされていた（ibid.: 18）。このような「自己啓示」や「自己発見」は十九世紀のコートシップの大きな特徴であった。ダイアドの相互作用を通じての「聖なる自己」の生成の背景にあったのは、その「自己啓示」を特徴とする個人の心理的状態及び感情的状態への長期的観察とダイアドを通じてのそれらの状態に関する精密なコミュニケーション・パターンを特徴とする儀礼行為であったと考えられる。

アメリカの近代家族の誕生を研究対象としたデグラーは、家族の歴史の変遷は「女性への個人主義思想の適用」（the extension of individualism to women）や女性の自己像の変化を反映していると主張している（Degler 1980: 191）。だが、デグラーが述べているように、難しいのはそのタイミングを説明することである。つまり、「西洋思想において個人主義の長い歴史を考えると、その人間性と自由の発想は十八世紀の終わり頃まで女性に適用されなかったのはなぜか」という問いかけである（ibid.: 94）。それは簡単に答えられる問いではないが、デグラーの言う「女性への個人主義思想の適用」やこの時期にみられる女性の「自我への芽生え」（The awakening to self）には（ibid.）、ここで論じてきたロマンティック・ラブという「宗教」に組み込まれたロマン主義的自我への信念が重要な要因であったと考えられる。周知のことであるが、個人の権利にまつわる言説を内容とする啓蒙思想はもともとあらゆる個人についての言説ではなくて、家族の代表として家長のみに個人の権利を与えるものであった。しかし、十九世紀においては、デュルケムが論じたように、個人主義が権利の主張を超えて、「個人が一種の宗教の対象となる」ような「宗教的」な現象となっていったのである。十九世紀において「愛の聖化」が起こったと同時に「ロマン主義的自我」という形で人格崇拝が恋愛の儀礼に組み込まれていった。こういった儀礼は男女のダイアドを通して行われるために、「女性への個人主義思想の適用」に貢献できたと考えられる。[8] そして次節で明らかになるように、それに貢献した、もう一つの要因として、ロマンス小説の影響をあげることができる。

ロマンス小説・再帰性・テロス

心性のレベルにおいては、「自我への芽生え」の表れの一つは、能動的な「自己実現」への志向としてあらわれた。先に述べたように、ショーターのロマンティック・ラブの捉え方・理解の仕方には問題があるが、ロマンティック・ラブの登場は「自己実現」への衝動といった心性上の変化と密接に関係していたという主張は的を射ているようであり、ストーンやギデンズ等の指摘でも裏付けられている。ただし、その原因を把握するために「感情の解放」といった粗野な仮説ではなく、より洗練された分析が必要である。ギデンズはロマンティック・ラブの理想を普及させる役割を果たした、ロマンス小説の構造そのものにその自己実現への衝動という積極性・能動性の原因をみいだしている。

ストーンが言うように、「一七八〇年以降、ロマンティック・ラブとロマンス小説の両方が同時に広まった」のだが（Stone 1977: 284; ストーン 1991: 235）[9]、ギデンズによると、ロマンス小説とロマンティック・ラブが同時に普及したのは、ロマンス小説の構造そのものが個人に、周りの社会的関係から切り離した個人的な「物語り」的な枠組みの視点を与えたからであると論じている。これが二つの点において「崇高な愛（sublime love）の再帰性（reflexivity）を劇的に拡大」するように働いたという（Giddens 1992: 39-40）。第一に、「未来」へ向かって繰り広げられる長期的な時間的持続の脈絡のなかでアイデンティティが形成されている。第二に、「近代のロマンス小説では、女性を、ほとんどの場合独立心が強く、意気盛んな存在であり、また、一貫してそうしたかたちで描写してきた」ことから（Giddens 1992: 46; ギデンズ 1995: 73、訳に変更あり）、ロマンス小説によって学習されるロマン主義的愛コードには能動的な自己実現を促すメカニズムが組み込まれているという。すなわち、「ヒロインがたいてい受け身の立場にいた中世の騎士道物語とは著しく対照的」に、近代のロマンス小説ではロマンティック・ラブは「クウェスト」（the quest）（冒険の旅）という枠組みのなかに組み込まれ、「クウェストとは、放浪であり、その彷徨の間に愛の対象を発見することで、自己のアイデンティティがようやく正当化されるのである」（ibid.、訳に変更あり）。

このように、ギデンズはロマンティック・ラブの普及がロマンス小説の普及と同時期であったという事実を踏まえて、ロマンス小説における「物語り」的な枠組みの視点と「再帰性」の拡大との関係について言及しているが、この再帰性の拡大は未来の予期と密接に関係しているということも、ギデンズの主張である。現代の理論家のなかで、ギデンズは主体性と時間との関係——過去と未来とそれらをつなげる長期的時間的持続性——を正面から論じた唯一の人物であると言えよう（e.g. Giddens 1987）。ギデンズの理論の大きな特徴は客観主義（構造主義）と主観主義は絶対的な二元論ではなく、主体と構造とが「構造の二重性」（duality of structure）を構成するにすぎない、という主張にあることは有名であるが、ギデンズの理論では構造と主体性との間の亀裂をつなげるものは時間的持続性であるデュレー（durée）である。ハンセン（D. Hansen）がギデンズの理論に依拠しながら言うように、主体の再帰性は過去の経験への反省のみでなくて、抽象的な「未来」にも規定される。つまり、「未来は望ましいとされる可能性へ個人を向き合わせるだけじゃなくて、現在を構造化することに積極的な役割を果たす」のである（Hansen 1993: 94）。

ロマンティック・ラブに組み込まれている「未来」への方向づけが再帰性の拡大に基づいた主体性の獲得を可能にした要因の一つであるというギデンズの主張は興味深い。しかも、ロマンス小説に組み込まれた「クウェスト」の構造に規定される未来を実現させていく積極性・能動性という心性を考察するうえで、重要な出発点となる。しかし、これに付け加えるべきことは、ロマンス小説に登場する「クウェスト」というのは、未知の未来への旅ではなく、運命によって定められている未来への旅であるとして捉えられていた、ということである。この区別が重要なのは、それが「未知の未来」ではなく、「運命によって定められている未来」として捉えられている場合は、そこに由来する「積極性・能動性」は「再帰性の拡大」に規定されるものではなく、それとは異なるメカニズムに規定されるものであると考えられるからである。ここではそのメカニズムを「テロス」と名付けておく。

未来がどの程度現在を規定する力をもっているかは、未来そのものがどれだけ絶対的・超越的な原理に規定されているものとして捉えられているかということによって大きく左右されるのである。このことはウェーバーのピューリタンに関する論説にはっきり表れている。たとえば、ウェーバーは『資本主義の精神とプロテスタンティズムの倫理』で、ピューリタンの禁欲主義的倫理のなかで、富の追求そのものは非常に非難すべき行為としてみなされていた、という（Weber [1930] 2001: 116）。にもかかわらず、積極的に仕事に励むことで結果的に蓄財させていくことを可能にしたメカニズムはどこにあるのか。それは、労働が金儲けのためにするものではなく、「神に与えられた職（=calling）（a task set by God）」（ibid.: 39）に一心に励むことによって神の意志を実行することであるという考えが存在したところにある。神の意志を実行しているという実感こそ、恩寵という状態（state of grace）を獲得しているということの確認となる（ibid.: 68）。換言すれば、いい仕事をし、成功することは、自分の魂が死後に救済されるべく少数の「選ばれし者」に含まれているということの印となる。富の追求はいけないことであるにもかかわらず、職に励むことは自らの意志からではなく、神によって定められた運命に誘導されているというように捉えられれば、責任は神にあり、罪の意識に囚われる余地もない。ウェーバーは言う。ピューリタニズムにおいては、「恩寵（grace）の宗教的感覚という現象はその恩寵が［神という］客観的な存在（objective power）の産物にほかならないという確信感と表裏一体をなしている」（ibid.: 101）。さらに、「恩寵（grace）が客観的な存在の産物にほかならないことに関する確信感は…（中略）…この圧倒的な恩寵の賜物（gift of grace）が［ピューリタンの］自分の業績あるいは自分の信仰や意志の特質に由来するといった考えの余地を消滅する」のである（ibid.: 101-102）。このように、ピューリタンがどれだけ能動的・積極的に世俗的な作業に身を投じても、その行為が神の意思を反映し、神の意思の表現である行為として捉えられているかぎり、主観的感覚のレベルにおいては実はきわめて消極的・受身的な行為となる、という逆説が生じる。[10] また反対に、この消極的・受動的に行為している（あるいは神の意志を実行している）という感覚こそが逆説的にも極端に積極的・能動的な行為を正当化するように働く。

十九世紀のロマン主義的愛コードにおいてもこのような、ここで名付ける「消極的能動性」、あるいは「能動的消極性」という現象が顕著である。ギデンズによると、「クウェスト」（冒険の旅）においては主人公が未来に向かって自ら挑戦するので、そこには「能動的な性質」があるという（Giddens 1992: 46）。しかし、ここでギデンズが言う「能動的な性質」とは、実はウェーバーがピューリタンとの関係で指摘した、消極的能動性・能動的消極性にあたると考えられる。なぜなら、ロマンティック・ラブの場合は「クウェスト」の目的地は未定ではなく、（最終的に神に）予定された運命だからである。第一章ですでに説明したように、ロマン主義的愛コードにおいては、前もって定められている「運命の相手」との出会いがその結末であるとされていた。その結末に向かって「能動的・積極的」に進む者の行為は、実はその運命に誘導されているという信念が存在しているかぎり、消極的な行為として捉えられるのである。行為が消極的なもの（i.e. 運命といった絶対的な未来に規定されるもの）として捉えられるほど、自己抑制の装置が効かず、逆説的にも思い切った行為が可能となるのである。[11]

運命に誘導されるという概念は古代ギリシアにあり、「テロス」（telos）と呼ばれた（Hillman 1996）。ここではその古代語を借りて、社会学用語として用いる。ここで言うテロスとは、決定された未来によって誘導されているという信念をもつ行為者の心性のことを指す。ギデンズの言う「クウェスト」に組み込まれている「能動的な性質」というのは実は「[神という]客観的な存在」に規定された「未来」を想定したテロスに基づく、消極的能動性・能動的消極性にほかならない。ギデンズの言う「再帰性の拡大」とは結局、近代化にともなうとされる合理性の延長という意味で、主に認知的な過程であるのに対して、十九世紀にみられるロマンティック・ラブにまつわる現象は、認知的過程というよりは、デュルケムの言う意味での「宗教的」過程であると思われる。[12] つまり、「テロス」の表れである。

二十世紀を通じて二十一世紀にいたって、認知的合理性の拡大が著しく、今やギデンズの言う自己の「再帰性」の拡大というプロセスはほぼ徹底していると言えよう（e.g. Giddens 1991）。現代人は、たしかに無限にさえみえる可能性（およびリスク）のなかで再帰的に自らの未来を構築化する（せざるをえない）。ベックの言う「個人化」である（Beck [1982] 1992）。しかし一生涯をかけてただ一つの愛や職になかなかコミットできない現代人の姿は同時に、世俗的再帰性のもろさを浮き彫りにする。十九世紀のロマン主義的「クウェスト」の裏にあったのは、認知的合理性の拡大ではなく、ロマンティック・ラブという「宗教」に規定される信念と儀礼であった。

補章　「家内性の核」の日米比較へむけて

家内性の核

牟田和恵は「ここから近代家族論へ提言しうること」のなかで、「家内性の核が夫婦におかれたりあるいは親子におかれたりするのはいかなる契機によるもので、またどのような構造的結果をもたらすのか」という問題を提起している（牟田 1996a: 23）。欧米の近代家族の感情的核を成すものとしては夫婦愛の比重が大きいのに対して、日本の場合、母性愛が中心的であることは一般的に認められていると言えるが、そういったバリエーションが「いかなる契機によるもの」であるか、まして「どのような構造的結果をもたらすのか」という問題に対する有力な回答はいまだに出ていない。

一つの仮説として、山田昌弘のそれをあげることができる。山田は長寿化という人口学的要因に注目する。すなわち、「欧米では、長寿化が生じる前に、家族の愛情が強調されたがゆえの、夫婦愛が強調されることになる」のに対して（山田 1998: 31）、「日本では、家族の愛情といった場合、夫婦より親子の愛情が強調されるのは、長寿化と家族の愛情の強調が同時に進行したのも一因ではないかと考えられる。つまり、先進欧米諸国のように、夫婦の愛情関係のみ成就し、親子の愛情関係が完成しないという時期が飛ばされ、いきなり、構造転換後の現代的親子関係が出現してしまったことが、日本の親子関係を特徴づけている」という（ibid.: 34）。「これは、あくまでも単純化した仮説である」と付言されているが、ここでのインプリケーションというのは、おそらく多産多死の社会では親による子どもに対する愛情はなかなか湧いてこない、ということであろう。

たしかに過去には多くの多産多死社会では早々に死ぬかもしれない子どもに対してそれほど愛情を注がない傾向があったようである。しかし、「親子の愛情関係」のあり方は文化システムにおける「子ども」という表象のあり方とも関係しており（Notter 2006; 細辻 2006）、死亡率の問題に還元できないはずである。特にアメリカの場合、デグラー（Degler 1980）が示したように、親の子どもに対する愛情の増加が起こったのは長寿化が起こる以前のことである。十九世紀ではまだ子どもの死亡率が高かったにもかかわらず、十九世紀は「子どもの世紀」とも呼ばれるに至ったのである。これはマクロの人口学的なデータをみるだけで把握できる問題ではないことは明らかである。むしろ、文化やシンボル・システムとも密接にかかわる問題である。

近代家族にまつわる「文化」のさまざまな局面に敏感であるのは瀬地山角であるし、瀬地山は『東アジアの家父長制』という著作のなかでこの問題にふれている。たとえば、瀬地山によると、「欧米との対比でいえば、近代家族の形成過程で、夫婦愛が希薄だったために、子供のみ特化して情緒化が進」み、その結果、日本でみられる「『特殊な』母役割を重視する」近代家族が形成されたという（瀬地山 1996a: 203）。瀬地山が韓国や台湾との比較を通じて、そういった日本型近代家族の特徴が「儒教で説明できるようなものではない」（ibid.）ことを明らかにしたことは評価に値するし、「母役割が強く受け入れられ、母親にとっての育児が『愛の奉仕』とされ、『労働』と感じることが許されない」ところに日本型近代家族の特徴があることと、現代においても「そうした傾向は高学歴層でも依然強く、日本の女性の労働供給を大きく制限している」（ibid.）というのも、鋭い指摘である。ただし、瀬地山は何が原因でない――すなわち儒教ではない――ということを説明することができても、何が原因であるのかという説明は説明のようで、実は説明になっていない。「夫婦愛が希薄だった」からというだけでは、因果関係のメカニズムが明らかにされたことにはならない。たしかに「『男＝生産労働／女＝再生産労働』という役割の配分を守る範囲において、お互いに深い感情の交流をせずにすむというのが、日本の夫婦関係の特徴であった…（中略）…だからこそ子供は母親にとって自己表現と感情的交歓の対象となる」（ibid.: 183）という説明は一理ある。そういった状況では母親の感情的エネルギーが母子関係に水路づけられることは想像に難くないからである。しかし、説明としてはあまりにも単純である。というのは、日本のほかにも、夫婦関係がそれほど濃密なものではない地域もあるはずだが、そうだとすれば、日本でみられるような母役割の強調はなぜ「特殊」なものであるのかということについての説明が必要となる。つまり夫婦関係の希薄さ以外に、理由があるはずである。

このように、管見のかぎり、「家内性の核」という問題に対する説得力のある説明が未だにみあたらない。しかし、「家内性の核が夫婦におかれたりあるいは親子におかれたりするのはいかなる契機によるもので、またどのような構造的結果をもたらすのか」への理解は、聖―俗理論に基づいて、シンボル・システムと儀礼行為を観察することによってようやく可能になるのではないだろうか。本書の第一章では十九世紀のロマンティック・ラブを愛の聖化として捉える視角を明らかにしたが、同じように、近代日本における母子関係というダイアドに基づいた「母性」や「母性愛」の強調を、母性や母性愛の「聖化」として捉えることは可能なのではないだろうか。

日本の文化システムにおける「母」の「特殊性」は多くの論者によって指摘されてきた。たとえば、山村賢明によると、「日本の母が日本人にとって、広い意味で宗教的な機能を演じているといっても、必ずしも過言でない」という（山村 1971: 213）。もちろん、山村が記述している母性や母性愛の聖化は近代的な現象であると思われる。「母性」という言葉自体、"motherhood"の訳語として登場したと思われるし（沢山 1979: 167）、母性を美化する現象は一九〇〇年以前の日本にはみられない（小山 1991; 加納 1995; Uno 1999）。しかし近代以降、山村が言うように、「日本の母について、その母性愛は、世界に類のないほど崇高なものである」とすれば（山村 1971: 3）、それが近代日本では母性と母性愛という表象がデュルケムの言う意味での「聖」の領域に属するようになったということになるであろう。

はたして、そのきっかけとはいかなるものだったのであろうか。本章の第一章では「宗教」としてのロマンティック・ラブがいかなる具体的な「知的概念」と「儀礼」に基づいているのかについて論じたが、大正期に母性の「聖化」が起こったとすれば、その背景にある新たな観念的表象および儀礼的相互作用のパターンを特定できるはずである。

「聖なるもの」としての母性愛

「聖なるもの」としての母性愛にまつわる「知的概念」を提供するものとしては、下田次郎の『母と子』（大正五年）や『婦人の使命』（大正十一年）に代表されるような母性論がそれにあたると思われる。沢山美果子の分析（沢山 1979）によれば、大正期の新中産階級に大きな影響を与えたこのような「母性のあり方を示す」ものとしての「母性論」に込められたメッセージは大きく二つにわけることができる。まず一つ目は、女性の存在意義は子どもを産むという身体的能力にある、という性差論に基づいた発想である。つまり、母になることは女性にとっての天職であり、生き甲斐である、という主張である。それから、二つ目は、母親に要求されていることは、完全な自己犠牲であり、母は子のためにすべてを犠牲にしなければならない、という発想である。

「お前一人をよき婦人に育て上げたいばかりに、この母は凡ての社会を捨て、婦人の欲を断ち、老ひたりと云へども二十六の色香も残る…（中略）…後半生をお前の為に犠牲にしてお前を育てる」という（室井 1929: 3）、大正二年から大正九年の間の室井こさ子自らの子育ての記録として残された『母性愛日記』からの文章は、この自己犠牲のメッセージが受け入れられたことを示す一つの事例である。[1] この記録が最初は新聞に連載され、最終的に単行本として刊行されたことは、母性がこの時期の人々にとってどれだけ関心の的になっていたかということを物語っている。そして、子のために犠牲になる母のイメージを伝えるものとしてこういった体験談や母性論以外にも、母もの映画という媒体もあった。十九世紀のアメリカでは人々の感情を刺激すると同時に、「ロマンティック・ラブ・イデオロギー」を伝えるコードとして機能したのは恋愛小説であったが、それに対して、日本においては、大正期から昭和にかけて、激しい感情的反応を喚起すると同時に母性愛コードを伝えるものとして母もの映画があったのである。[2]

日本型近代家族が誕生した時期におけるこのような「母性」にまつわる「信念」とそれを伝えた媒体を指摘するのは比較的に簡単なことである。なぜなら、その証左となる文章や映像が多数残存しているからである。一方、母子関係の「聖性」がミクロのレベルにおいて、いかなる儀礼行為によって支えられていたのかを知るのは、非常に困難である。しかし、大正期の「母性論」が聖なるものとしての母性を構成する「知的概念」を提供したのに対して、「聖なる」母性を支えた「儀礼」を喚起するものとして機能したものに、当時の「科学的」育児法を提唱する育児書があったと考えられる。沢山は一九一八年（大正七年）に出版された『赤ん坊の研究』（西山哲治著）という、「千余名の赤ん坊と母親とを研究した」記録を史料としながら、当時の新中産階級の母親の育児に関する記述を検討した。沢山によると、「都市中間層の母親には、育児書に述べられた『科学的』育児法がかなりの程度浸透していた」と言うが（沢山 1979: 173）、その内容を次のようにまとめている。

①「母乳で育てたこと」、

②「時間ぎめ授乳をおこなったこと」（「初めは二時間おき、一ヶ月後から三時間おきにした。むやみに乳をふくませると胃腸をこわすなど、育児書にのべられていることが忠実に実行されている。」）、

③「おしめは、たびたびかえ」、
④「そい寝をせず、だきぐせをつけない、なるべく背負わない」、
これらのことが、「どの母親からもと言って良いほど一様に述べられている」というものであった(ibid.)。しかも、「『なるべく女中の手を借りずに私が子供の犠牲となって』育てたと述べられている」ことも興味深い(ibid.)。

以上のような育児内容は平凡なことのように思えるかもしれないが、そういう風に母親が育児書に書かれたことを「忠実に実行」することによって、それまでの時代では、ほかの労働や日常作業と並行し、日常的な行為として行われていた子育てが、非日常的で、儀礼化された行為へと移行していったと思われる。

第一に、「科学的」育児書に書かれたことを忠実に実行すること自体は育児の儀礼的性格に貢献したと思われる。以前から伝えられてきた伝統的な育児に関する「常識」を捨て、「科学」の名のもとに正当性を得た、あえて言うならば「聖性」を付与された「教典」としての育児書にしたがうことによって、子育てが「なんとなく」自然に行うことから、宗教的実践に例えられるような行為へと変わっていった。

第二に、育児が母子ダイアドという儀礼化された空間で行われるようになった。それまでの日本では、育児は母親の仕事だけではなく、祖父母やそのほかの家族成員と一緒に行われていたものであるし、女中や子守りも手伝っていた。また、ムラの場合は、子育ては共同体全体で行われていたと言っても過言ではない。しかし、大正期の新中産階級のなかでは、育児は母親一人の仕事となった。その

結果、他者から切り離された母子というダイアドのなかで感情的相互作用が激化されたのみならず、子育てという行為に、膨大な時間とエネルギーとが注がれるようになった。育児という行為が他者を排除した、母子ダイアドを中心とした儀礼的空間で行われるものとなったことによって、コリンズが記述したような「儀礼的メカニズム」が引き起こされたと思われる。

第三に、育児を規定する時間の秩序は、流動的なリズムから、儀礼化されたモードに置き換えられたと思われる。その傾向は特に「時間ぎめ」の授乳の仕方に表れている。生活上の自然なリズムに応じて母乳を与えるのではなく、授乳を「二時間おき」「三時間おき」に行うということは、この時期にみられる育児の儀礼化に貢献した要因の一つであると考えられる。

大正期の新中産階級のなかに、「母子一体」を唱える母性論と母親の苦労と犠牲を美化する母もの映画が母性を礼賛するイデオロギーを供給したと同時に、育児そのものが、新たな「科学的」育児法の普及によって、日常世界からかけ離れた儀礼行為となっていったのである。大正期には、こういった信念と儀礼を通して、母性・母性愛の聖化が起こったと思われる。

このような母性の聖化は、比較の観点からみれば、「家内性の核」の一端である。家族感情の激化はたしかに近代家族の普遍的な特徴の一つであるが、感情の激化がどのように水路づけられるかはシンボル・システムに左右されることを忘れてはならない。近代家族の「家内性の核」のあり方がシンボル・システムの構成またはダイアドにおける儀礼化された相互作用のパターンによって異なるとすれば、それは近代家族における注目すべき「バリエーション」にほかならない。日米比較において、家族におけるロマンティック・ラブと母性愛のそれぞれの比重のバランスはこの「バリエーション」

のあり方を反映していると思われる。

最後に、「家内性の核」のそのバリエーションの日米比較の可能性へ向けて、家内性の核のあり方に関する、いくつかの残された課題の具体的な側面を明らかにしたい。

「家内性の核」の比較研究へ向けて

「家内性の核」の日米比較へ向けて、およそ五つの追究するに値する課題が残されていると思われる。

第一には、家族感情の聖化を考察するにあたって、国家と家族とのリンクを考えることは避けて通れない問題であろう。日本の家族社会学者のなかで、ここで言う家族感情の聖化について言及している者としては、上野千鶴子をあげることができる。上野は「家族に寄せる情緒が神聖化された」と述べ、家族感情の聖化の原因として「世俗化と国民国家の成立」をあげている。すなわち、それは、『神の死』の後、個人を超える超越的な倫理は、家族感情とそれの延長上にあるパトリオティズム patriotism（『郷土愛』とも『愛国心』とも訳される）のなかに求めるほかなかった」という（上野 1996: 16）。たしかに、近代においては愛国心は国家や国民アイデンティティの重要な特徴となったし、特に日本の近代においては、上野が述べているように「すでに多くの論者が指摘するとおり、『家族国家』イデオロギーのもとで『国家』は『家族』に似せて創られたし、その逆もまた真である」ことが明らかである（ibid.）。しかし、近代においては一方では「家族感情」の聖化がみられ、他方では国家や国民アイデンティティの理想化としての愛国心がみられるとはいえ、それらを二つの別個のベクトルとして捉える必要があり、それらがリンクしているかどうか、またリンクしている場合は「延長上」といった関係として繋がっているのかそれとも対立関係にあるのかという問題は決して明白なものではない。家族感情の聖化という現象は戦略的に国家に利用され、愛国心に水路づけられることは十分可能であろうが、逆に家族感情の聖化は家族以外の集団——国家をふくめて——への過剰な傾倒を防ぐように働くという可能性は十分にありうると言えよう。具体的にいかなる社会において、いかなる歴史的過程を通してこれらのベクトルがどのようにリンクしているかということを明らかにするためには、さらなる研究が必要となるであろう。

第二には、家族感情のあり方と近代家族の自律性・独立性の度合いとの関連を検討することである。家内性の核は、夫婦の恋愛感情に基づく夫婦のダイアドという形を取っているのか、それとも母性愛と母子関係に構成されているのかという違いは、近代家族の自律性・独立性の度合いと関連しているようである。「世帯の自律性」はショーターの言う近代家族の三要件の一つであるし、これを落合恵美子のように「家族の集団性の強化」、「社交の衰退とプライバシーの成立」や「非親族の排除」と表現するにしろ（落合 1996: 26）、あるいは山田昌弘のように「外の世界から隔離された私的領域」と表現するにしろ（山田 1994: 77）、たしかに、近代家族の普遍的な特徴の一つのようである。しかし普遍的であるとはいえ、その特徴のあり方に関しては「地域的バリエーション」がないわけではない。牟田和恵が言うように、「大正期以降の都市中産階級の家族［は］…（中略）…独立性・自律性という点においてもヨーロッパブルジョウ家族とはかなり異質であるように思われる」し（牟田 1996a:

40)、戦後においてもその自律性の度合いは比較的に弱いと思われる。戦前の「家庭」は一方では「家」との繋がりを保ち（西川 1996）、他方では国家の支えにもなっているし（牟田 1996a）、戦後の「家庭」では一方では家族と学校との繋がりが密接であり（Brinton 1993）、他方では「企業社会」のなかで企業に飲み込まれていった（e.g. 木本 1995; 安川 1997; 目黒・柴田 1999; 大澤 1993）。牟田が言うように、「近代の家族の特性はその心性における家内性と、その反映としての外部環境からの独立性に求められる。すなわち、母子関係を核として、夫婦・親子の情愛が緊密であることは同時に外部社会からの家族への侵入をきびしく排除することとして表われる」のである（牟田 1996a: 18-19）。ただし、これに付け加えるべきは、「夫婦・親子の情愛」の密度が近代家族の独立性の基盤になっているのみならず、家内性の核がロマンティック・ラブを特徴とする夫婦の関係に構成されているのか、それとも母性愛を特徴とする親子の絆に構成されているのかという点で、独立性の度合いが違ってくるということは考えられる。[3]

第三に、家族の自律性と家族の感情的核との関連の問題を取り上げると、社会構造そのものの特徴を考察する必要性が生じてくる。十九世紀のアメリカは、ウェーバーの表現を借りれば、「資本主義のヒロイックな時代」（Weber [1930] 2001）にあたると言える。[4] ビジネスなどを通して「成功」をものにすることは社会的理想であったと同時に、得るものも失うものも大きかったという意味で、リスクが多かった時代である。日本の場合は、竹内洋が論じたように、明治初期にも、「立身出世主義」という形で「成功」を求める人々にはヒロイックと呼ぶにふさわしい側面は大いにあったが、明治二十年代以降、「立身出世主義は英雄的僥倖的ストーリから、秩序的ストーリに変化し」（竹内 1988:

151)、大正期までには新中産階級の夫は「腰弁」サラリーマン（竹内 1996, 1997）となる運命を抱えていった。終身雇用など、会社への没頭を促す「日本的経営」もこの時期から登場するし（Brinton 1993）、これらの構造上の要素も、同じ資本主義であるとはいえ、十九世紀アメリカの中産階級の公領域に携っている者の状況とはかなり異なる現実を産み出した。これらの状況間の違いはさらに「心性」のレベルにおける差異点に反映されているのであろうし、「家庭」もしくは「ホーム」の夫にとっての意味、あるいは夫の感情的ニーズを考察する場合、このような社会背景を視野に入れるべきであろう。

第四には、容易なことではないだろうが、家族感情の社会心理学的考察という課題もある。つまり、「家内性の核が夫婦におかれたりあるいは親子におかれたりするのは…（中略）…どのような…（中略）…結果をもたらすのか」という問題を考える際に、心理学のレベルにおいては、それが「家庭」のファミリー・ダイナミックスに影響を及ぼしたと考えられる。フロイトはエディプス・コンプレックスについて論じた際に、通時代的で普遍的な現象について論じているつもりでいたが、いまや、フロイトが注目していた現象は特定の時代のものでしかなかったことはしばしば指摘されるようになってきた（e.g. Fromm [1937] 1997: 38）。性的現象へのこだわりを含めて、フロイトのさまざまな論説はヴィクトリア朝時代の産物であり、エディプス・コンプレックスという論説も、見事にヴィクトリア朝の中産階級のファミリー・ダイナミックスにあてはまるものであると思われる。つまり、母子関係が親密的なものでありながらも、それが夫婦関係という「聖なる」絆には及ばないか、もしくはそれと並ぶような関係である場合、フロイトが記述したような父と息子との（無意識でありながら）相克が生じることは想像に難くない。当時は家庭のなかでも、父の存在はまだ大きなものであったからこそ、そういった相克が問題となったと思われる。二十世紀に入ってから家庭における父性の影が段々と薄れてきたことは社会学の内外から指摘されてきたし（Bly 1990, 1996; Popenoe 1996）、欧米諸国においても、エディプス・コンプレックスという論説で記述されている力学はもはやリアリティをもたないと思われるが、大正期から戦後の家庭においても、それがそのまま当てはまるというものではないであろう。実際に、昭和初期の時点で、フロイトの論説が日本のファミリー・ダイナミックスに合わないという理由で、古沢平作という精神分析家はエディプス・コンプレックスを日本人にそのまま適用することは適切でないと論じた（上野 1994: 196-197; Allison 1994: 136-138）。古沢はそれに代わる、日本の家庭の事情に合わせたものとして、「阿闍世コンプレックス」という概念を提案したが、面白いことに、それには、「苦しむ母」のイメージが中心的な役割を果たすのである。心理人類学的な立場から近代日本の家族のなかでの「苦しむ母」の意義を強調しているのはデュボス（G. DeVos）（DeVos 1973）であるが、それは本書で指摘した「苦悩」や「煩悶」への指向性を特徴とする感情的ハビトゥスとも合致していると言えよう。その関連性をさらに追究することも、今後の課題として残る。

そして第五には、近代家族の解体という問題を比較の観点から検討することである。アメリカでは近代家族の崩壊をみたのは、一九六〇年代の終わり頃から七〇年代にかけてであったのに対して、シングル・マザーの少なさや性別役割分業体制の根強さなど、日本型近代家族がゆるぎつつあることは明らかであるとはいえ、まだ崩壊しているとは言い切れない。比較の観点からみれば、アメリカでみられた近代家族の徹底的崩壊と、日本でみられる近代家族の執拗な残存との対比の背景にある要因として、家内性の核のあり方があるであろう。このことも、今後の課題の一つとなる。[5]

あとがき

「ロマンティック・ラブ・イデオロギー」という用語に対して、私はいくぶん違和感を覚える。問題は「イデオロギー」という語にある。多くの人に共有されている信念体系というような意味で用いられることが多いが、もう一方では政治的またはマルクス主義的な意味で用いられることもある。ロマンティック・ラブという「イデオロギー」の場合、それはフェミニスト論者に、女性を抑圧するためのイデオロギー装置として捉えられることが少なくない（e.g. Firestone 1970）。したがって、「ロマンティック・ラブ・イデオロギー」という用語は、多少なりとも、それを支持する立場を連想させるものである。しかし私はそのような立場からロマンティック・ラブについて論じているわけではない。むしろ、クリフォード・ギアツが「文化システムとしてのイデオロギー」（Geertz 1973e）という論文で論じたように、あらゆる「イデオロギー」はシンボルから構成されるものであり、よって文化現象として捉えることが可能である。本書ではロマンティック・ラブという「イデオロギー」を何よりも文化現象として捉えており、それを把握するためにデュルケムの後期理論に基づいたアプローチを用いているのである。

このアプローチはロマンティック・ラブまたは家族感情の問題を把握するための鍵となるという自負が私にはあるが、このアプローチを用いることはまた多少のリスクをともなうし、それなりの覚悟が必要であった。それは、第一に、一般読者にとって、デュルケムの聖―俗理論は非常に誤解されやすい理論であることがあげられる。「聖なるもの」の話をすれば、まず宗教家のように聞こえる恐れがあり、特にその理論をロマンティック・ラブに当てはめると、「神聖なる恋愛」を提唱していた明治期や大正時代のインテリのように聞こえてしまう恐れもある。第二に、社会学を専門とする者にとっても、疑問をもたれやすいアプローチである。つまり、後で述べるように、ウェーバー以降、近代化は合理化と世俗化をもたらすという通念が社会学ではほぼ常識となっているので、近代における「聖」や「聖なるもの」に言及することは、基本的に誤っていると考える社会学者も少なくないはずである。しかしながら私は、このアプローチによって、ロマンティック・ラブのみならず、近代家族そのものの重要な側面が見えてくると考え、多少の誤解または批判を覚悟した上で、本書を上梓することにした。

本書で描かれている近代は、ウェーバーが論じた「脱魔法化」された（disenchanted）近代ではない。このような近代の捉え方は通説に背反し、疑問に思われがちであるだけに、最近、本書で提示した見解を正当なものとみなす研究が登場したことは心強い。ハーバード大学助教授（assistant professor）のニール・グロス（N. Gross）は近代における親密性の変容の問題を考察する論文のなかで（Gross 2005）、親密性の「脱伝統化」（detraditionalization）が一様に起こったという説に反論し、純潔規範をはじめとして、さまざまな親密性を規定してきた「伝統的」規範が解体してきたことはたしかではあるが、一方で、文化システムのレベルにおいては親密性のあり方を規定する伝統的な理想や信念などは決して解体したわけではなく、その事例としてロマンティック・ラブの残存をあげることができると主張している。

グロスは、私が英語で執筆した論文（Notter 2002）、またはコリンズの先駆的論文（Collins 1981）、さらにはベック——ベックはまた異なった理論的な立場からロマンティック・ラブの宗教性を論じる（Beck & Beck-Gernsheim [1990] 1995）——の研究にふれながら、現在においてもアメリカ人にとってロマンティック・ラブの経験は「聖」への接近・参入につながっていると論じている。そしてグロスの研究の貢献は特にそのことの理論的インプリケーションの重要性を指摘するところにある。すなわち、アメリカ文化においてロマンティック・ラブが「聖」という領域と密接な関係にあるとすれば、それは、近代化が徹底した合理化・世俗化をもたらすという、社会学において長らく支持を得ていた通説の再検討を要請するものなのである。

近代化が知的合理化または世俗化を徹底させることは特にウェーバーによって強調されたことである。ウェーバーによると、近代という時代は世俗化された時代であり、「脱魔法化」・「脱神秘化」された（disenchanted）時代である（Weber [1918] 1946）。先に述べたように、この見解は一般的に受容され、社会学の常識の一つとなったが、一九六〇年代以降、社会生活のさまざまな「非合理」的な側面が浮上したことをきっかけに、その通説を疑問視する声があがってきた。そのなかで、ティリャキアン（E. Tiryakian）の論説は興味深いものである。

ティリャキアン（Tiryakian 1992）によると、西欧における近代は啓蒙思想をはじめとして、最初から合理化や世俗化をもたらす文化的要因を含んでいたと同時に、またそれとは逆に、浪漫主義運動など、

「再」魔法化・「再」神秘化（reenchantment）とでも呼ぶべき現象を促す要因をも、最初から含むものであったという。近代においては、人々は神秘的体験や「聖なる」世界を求めなくなった、というわけではない、とティリャキアンは論じる。つまり、近代の特徴とはむしろ、近代以前では人々は一般的に「聖」をこの世の中から離れた、超越的な領域に設けていたのに対して、「西欧の近代」においては、「聖」をこの世の中において求めるようになった、ということである。ティリャキアン自身はロマンティック・ラブについてふれてはいないし、本書の論説はティリャキアンのこの知見に基づいて書かれたものではないが、本書で指摘した「聖なるもの」としてのロマンティック・ラブ、または近代における家族感情の聖化そのものも、近代社会においては人々は「この世の中」に設けられた「聖」への接近を求め続けているという見解を裏付けるものであると言えよう。

聖―俗理論に基づいたアプローチはまた、アレクサンダー（Alexander 1988a, 1988b, 1989a, 1992）が明らかにしたように、シンボルや文化の把握を可能とするアプローチにつながる。近代家族論はこれまで、「情緒性」や「愛情」に注目してきたが、そういった感情現象を理解するためには、それを抱えるシンボル・システムに注目することが重要であるにもかかわらず、これまではこのような作業が十分に行われてきたとは言えず、近代化論の影響のもとで、「文化」の影響を把握するための理論が欠如していたとも考えられる（Notter 2002）。私は一方では日本語圏の社会学における近代家族論の影響を強く受け、その「パラダイム」のなかから論じているつもりでいるが、もう一方ではエール大学に設立された「文化社会学センター」（Center for Cultural Sociology）を本部とする「新しいアメリカの文化社会学」（Smith 1998）と呼ばれる動きの影響をも強く受けており、本書の少なくない部分は文化分析への挑戦である。その挑戦は未熟で不十分なものであるという懸念を抱えながらも、本書を公にすることによって、少しでも日本における近代家族論に新風を吹き込めれば幸いであると考えている。

＊＊＊

本書は、京都大学大学院教育学研究科に提出した博士論文「純潔の近代：ロマンティック・ラブ・イデオロギーの比較社会学」に加筆と修正を加えたものである。博士課程に入ってから研究成果を発表しはじめたこともあり、本書は既発表の論文を、修正を加えた上で再録した部分がある。第一章は「純潔の構造：聖と俗としての恋愛」(Notter 2004) に、第二章は「男女交際・コートシップ：『純潔』の日米比較社会史」(Notter 2000a) に、第三章は「恋愛至上主義のアクセプタビリティへの一考察：大正期における恋愛結婚言説とその変容」(Notter 2001) に、第五章は「『恋愛結婚』再考：文化としての『ロマンティック・ラブ・イデオロギー』」(Nottter 2007) に、それぞれ基づいている。第四章と第六章は初出であるが、第六章のショーターとストーンについては「ロマン主義的性愛コード：恋愛結婚の比較歴史社会学」(Notter 2000b) の一部を再録している。なお、本書のもととなっている研究の一部は慶應義塾大学学事振興資金の補助を受けて行われたものである。

今日まで、多くの方々にお世話になった。

京都大学大学院教育学研究科の修士課程から博士課程にかけて、長い間指導教官を務めてくださった竹内洋先生（現関西大学）に感謝の意を申し上げたい。博士課程に入ってからは近代家族論と並行して十九世紀のパブリック・スクールまたは旧制高校におけるスポーツの比較研究もしており、そのテーマについて、共同執筆という形で、論文（Notter ＆ 竹内 2001）を執筆する機会を得たことを光栄に思っている。その研究はまさに博士論文にふさわしいテーマであったにもかかわらず、私が「ロマンティック・ラブ・イデオロギー」というテーマを追究し続けたことに対する寛容、そもそもその自由を与えてくださったことに対して、謝意を表したい。それから、京都大学大学院教育学研究科の岩井八郎先生と稲垣恭子先生からも、長年にわたり、貴重なご指導を頂戴したことに対しても、心から感謝している。

大学院時代から、研究会への参加はたいへん大きな励みとなり、また刺激となった。教育逸脱史研究会では竹内先生からも稲垣先生からも貴重なコメントやアドバイスをいただいたし、歴史を専門とするメンバーたちの歴史史料に対する熱意もたいへん刺激となった。なかでも、中村隆文さん（神戸女子大学）が追究していた明治時代の「男女交際論」は運良く私の研究テーマによく合致するものであった。註にも記しているが、本書の明治時代における男女交際の言説についての多くは中村さんの発表からヒントを得たものであり、ここで改めて御礼を申し上げたい。

また大学院時代から井上章一さん（国際日本文化研究センター）が主宰する相対研究会（正式には「関西性欲研究会」）に参加させていただき、井上さんを筆頭に、斎藤光さん（京都精華大学）、古川誠さん（関西大学）、永井良和さん（関西大学）、赤川学さん（信州大学）やその他の参加者から貴重なコメントや励ましをいただいたことに対しても感謝している。

私は三十歳を過ぎてから大学院生になったという、アカデミックの世界へのレイト・スターターである。二十歳代後半に学問の道を歩むことを考えはじめた頃、当時、同じラジオ番組の出演者同士として知り合った黒田勇先生（関西大学）の励ましがその一歩を踏み出すきっかけとなったことに対して御礼を申し上げたい。

外国語で論文を書く経験をもつ方であれば、ネイティブ・スピーカーのプルーフ・リーディングのチェックが必要不可欠であるということはおわかりであろう。妻の三喜子は、私と結婚することによって、何千枚にも及ぶさまざまな論文のドラフトのチェックをすることになろうとは、想像もしていなかっただろう。もちろんそれだけでなく、大学院時代からの惜しみない協力と、さらには本書を執筆するにあたって、あらゆる面において心の支えになってくれたことに感謝したい。

最後に、本書の出版にあたり慶應義塾大学出版会の上村和馬さんにはたいへんお世話になった。感謝の気持ちを述べたい。

二〇〇七年九月

デビッド・ノッター　David Notter

註

序

1）プラトンの言う「エロス」については、Singer（1984a: 61-73）を参照のこと。

2）この引用は筆者の訳によるものである。参考文献リストに掲載されている翻訳書の場合は、著者名がカタカナ表記となっている。したがって、本書を通じて、翻訳書の引用の場合は括弧の中の著者名がカタカナ表記となっている。この場合のように、引用する際に日本語以外の言語で書かれた本の著者名がカタカナ表記でない場合は、筆者による訳である。

3）de Rougemont（1983: 55）によると、カタリ派の信仰者はアモールを通して、アスケシス（ασκησις）、つまり宗教的修行・苦行を行っていたという。このことは未証明な一方で、説としてはある程度まで説得力があり、とにかく刺激的である。ただし、de Rougemont の論説は一つの仮説に過ぎないにもかかわらず、日本語で書かれている多くの恋愛論では（e.g. 大澤 1996）、それがあたかも証明されている事実であるかのような論じ方が一般的であるため、注意が必要である。

十二世紀の恋愛形態およびその文化的・思想的背景について、Benton（1982）、Berman（1989）、Campbell

4）このような、「近代家族」の新たな捉え方の背後には、およそ四十年前からはじまった欧米における「新しい家族史」や社会史の研究成果の影響がある。落合恵美子はその欧米の家族史研究の成果を逸早く整理し、日本に紹介した。落合（1989: 18）によると、「近代家族」概念の主な特徴は「家内性（domesticity）、私秘性（privacy）、親密性（intimacy）」の三つであり、それをさらに細かく分類すると、①家内領域と公共領域の分離、②家庭成員相互の強い情緒的関係、③子供中心主義、④男は公共領域、女は家内領域という性別分業、⑤家族の集団性の強化、⑥社交の衰退、⑦非親族の排除、⑧核家族の八点にまとめることができるという。以上のような特徴を参考にしながら、戦前期にはそれに当てはまる日本型近代家族の存在、あるいは以上のような「近代的」要素を備えた「家庭」型家族の存在を明らかにする研究が盛んに行われてきた。

5）つまり、戦前日本の家族の「近代的」性格を指摘するためか、欧米の「近代家族」との共通点ばかりが強調され、「恋愛」や「恋愛結婚」に関する相違点はほぼ無視されてきたのである。管見のかぎり、日本の近代家族の成立における「恋愛結婚」の意義の問題を比較の観点から取り上げている唯一の論者は瀬地山角である。たとえば、瀬地山は「近代家族の誕生段階で欧米では恋愛結婚が同時に誕生している」と指摘し、さらに、「日本的な特色といえるのは、西欧では夫婦愛に基づく家庭が生まれていくのに対して、日本の場合は夫婦の関係は役割の相違に基づく関係が中心で、ロマンティックラヴを基盤とすることが少なかった点」であると述べている。だが、瀬地山（1996b: 228-229）は「これは日本の近代家族の大きな特徴である」という事実を指摘しながらも、その原因や意義を十分に説明しているとは言えない。

6）Degler（1980: 8-9）によると、「ホーム」という、アメリカ型の「近代家族」の主要な特徴は次の四つである。①結婚は愛情と尊敬を基準にした自由な配偶者選択に基づいており、しかも、その後の夫婦関係も同じく愛や尊敬に特徴づけられる。

(1951)、Chenu (1957)、Duby (1994)、Heer (1962)、Morris (1972)、Murstein (1974)、Parella (1969)、de Rougemont (1983)、Singer (1984b) を参照のこと。

②性別役割分業によって、家庭は妻の独占的領域とされる。
③子ども中心主義。
④家族の小規模化。

Degler はアメリカの「近代家族」の形成期を一七七六年～一八三〇年とみなしており、大ざっぱに十九世紀、あるいは、アメリカのヴィクトリア朝を「近代家族」の隆盛期として捉えているが、それが二十世紀の後半まで続いたという。

7）「情」について、佐伯（1998: 349）は次のように述べている。「江戸時代以前の日本語の表現としては、『情』という言葉が、日常的な親子の『情』、男女の『情』という形で、近代以降の『愛』に近い意味を含んでいたと考えられる」。

第一章

1）『女学雑誌』については、中村隆文の記述は簡潔なものであるので、ここで引用しておく。「巖本善治（一八六三～一九四二）を中心とする『女学雑誌』…（中略）…は、巖本が深くかかわった明治女学校の創立（一八八五年九月）より二ヶ月早く発刊され、一般女性および女学生の機関誌的な側面、と同時に進歩的知識人の読者を多く持つ一般誌的な側面とを持つものである」（中村 2002: 187）。

2）本章では「ロマン主義的愛」と「ロマンティック・ラブ」は同義語として取り混ぜて用いる。

3）この書物（Giddens 1992）の日本語版は出版されているが（ギデンズ 1995）、そこでは、Giddens の言う 'romantic love complex' の訳語に誤まりがあるので、注意が必要である。たとえば、六十五頁では 'romantic love complex' は「ロマンティック・ラブに対する抑圧されたこだわり」というように訳されている。しかし、Giddens（1992: 40）は "The complex of ideas associated with romantic love" のことを言っているので、

Giddensは「complex」を「複合体」の意味で使っているのであって、一般用語で「コンプレックス」と呼ばれているもの、あるいは心理学用語として使っているわけではない。なお、英語圏における社会学用語としての'romantic love complex'の使用は少なくとも一九二〇年代に遡ると思われる。一九二〇年代〜四〇年代の間の家族社会学者がどのようにその用語を用いていたかについてはLasch（1977）を参照されたい。一九五〇年代に著わしている社会学者によるその用語の使用の事例としてはGoode（[1959] 1974）を参照されたい。

4）Giddens（1993: 38）が言うように、「基本的に普遍的な現象」としての性愛現象もあるが、「それは、文化的に特殊な現象であるロマンティック・ラブとは区別する必要がある」。

5）この現象の一事例として、小説家Hawthorne（Nathaniel Hawthorne, 1804-1864）の妻へのラブ・レターから次のような文章を抜粋することができる。"'I keep them［＝妻からもらった手紙］to be the treasure of my still and secret hours, such hours as *pious* people spend in prayer; and *communion* which my *spirit* then holds with yours has something of a religion in it.' ... 'I have really thought sometimes, that *God gave you to me* to be the *salvation of my soul*. ... 'Oh dearest, blessedest Dove, I never felt sure of going to *Heaven*, till I knew that you loved me.'"（Lystra 1989: 246-247からの再引用。イタリック書体は強調のために付記）。その他の事例としてはLystra（1989: 137-158）を参照されたい。

6）「ヴィクトリア朝」は、英国女王ヴィクトリアI世（在位一八三七年〜一九〇一年）の統治時代を指すのだが、「ヴィクトリアン文化」という用語は広く欧米に当てはめられるものである。アメリカの十九世紀（特に一八三〇年頃から十九世紀の終わり頃まで）にあたるアメリカの「ヴィクトリア朝時代」の文化的背景の簡潔な記述としてMay（1980: 16-25）を参照のこと。なお、十九世紀における英米の共通な「ヴィクトリアン文化」についてはMintz（1983）を参照されたい。

7）十九世紀における情緒的福音主義の登場はプロテスタンティズムの信仰復興運動（Revivalism）との関連で、十八世紀の終わり頃から十九世紀前半にかけての「第二次大覚醒」（"Second Great Awakening"）と呼ばれるものの影響と密接な関係がある。十九世紀の福音主義における感情の重視については Lewis（1983）を参照のこと。「第二次大覚醒」のもとでの福音主義と女性との関係については Smith-Rosenberg（1985c）と Douglas（1977）および Ryan（1981）を参照のこと。なお、プロテスタンティズムと情緒主義やロマンティシズムとの関連性については Weber（[1930] 2001）を出発点とする Campbell（1987）の仮説もあり、これもプロテスタンティズムと情緒性との関連性の一端を考慮している文献として価値がある。

8）さらに、十九世紀の「ホーム」に対する男性の強い感情的反応については、Gillis（1996）を参照のこと。

9）ただし、Giddens が認めるのは「心理的抑圧」ではなく、「社会的抑圧」である（Giddens: 177）。

10）Giddens（1992）はセクシュアリティが自己の再帰性に組み込まれるというプロセスのはじまりとロマンティック・ラブとの関係を特に強調する。

11）Smelser（1992: 15）が言うように、"Foucault's essays on punishment... and sexuality... are clearly studies of cultural domination, although he is vague about the precise agencies or apparatus that exercise power"。Foucault のセクシュアリティに対する論説においては "the precise agencies or apparatus that exercise power" とは一体何／誰であるのか、ということが曖昧なままにされているために説得力に欠けると思われる。

12）Alexander によると、デュルケムの言う「俗」（profane）には二つの意味が含まれているので、聖―俗の二項図式を三項図式に展開させなければならないとはじめて主張したのは Caillois であった（Alexander 1988a: 9; 2003: 262）。

13）この三項図式は基本的に、「聖」（sacred）と「俗」（profane）以外に、日常的世界（= routine/mundane）を表すもう一つの項目が必要であるという指摘（註12を参照）に基づいている。ただし、英語とフランス語の "profane" という語は二重意味を含んでいるものの、そのニュアンスは日常的な世界を指す「俗」（=mundane）なるものという意味より、「冒瀆的」（profane）なものに遥かに近い。しかし日本語の「俗」という文字の場合、それはもともとのニュアンスとしては "mundane" に近いので、日本語の「聖―俗」の二項図式を三項図式に展開するにあたって三つ目の項目として必要なのはむしろ「冒瀆的」という意味での"profane"を表す文字であると思えるので、ここで「聖―俗―瀆」という図式を提案する。

14）なお、あるコードに「重み」が与えられる（weighting）という概念はAlexander（2003: 33）のホロコーストをめぐる論説に登場する。

15）この見解の違いは両者が採用されていた史料の違いによるものであると考えられる。Seidmanは人生案内のテキストと通俗医学書を史料としているが、これまでに歴史家によるヴィクトリア朝のセクシュアリティを対象とする研究のほとんどがそういった公領域で生産された史料に基づいていたからこそ「抑圧仮説」が主流となってきたとも言える。しかしそれに対して、私生活にもとづいた日記などの史料を用いる近年の社会史によって（e.g. Rothman 1984; Degler 1980）、ヴィクトリア朝のセクシュアリティに対する「抑圧的な」イメージが覆されてきたし、Lystraの研究はその延長線上にある。

16）Durkheimによると、儀礼を通して、「真の変質」（"veritable metamorphosis"）が可能である（Lukes 1985: 25からの再引用）。

第二章

1）佐伯（1998: 155）からの再引用。

2）先に述べたように、本書では大正期に登場した「家庭」型家族を日本型近代家族の原型として捉えており、日本における近代家族の成立をここにみている。これは近年の近代家族論（e.g. 牟田 1996a; 落合 1996, 2000）の知見に基づいた見解である。このような見解は、戦後の家族社会学では通説となっていた、「拡大家族・直系家族制から夫婦家族制へ」という家族変動論を覆すに至っていると言ってよいだろう。後者の家族変動論は「伝統的な戦前」と「民主的で近代的な戦後」といった二項対立に基づいた歴史観に基づいたものであり、戦前の家族を一様に伝統的な「家」として捉え、それに対して戦後に「近代的」とされてきた「民主主義的核家族」の成立としての「核家族化」や、さらには「夫婦制家族化」を強調する傾向があった。このような家族変動論の影響は今なお皆無では決してないが、その妥当性がかなり問われてきた（日本における家族変動論に関する簡潔な記述として坂本（1997: 26-31）を参照のこと）。

なお、日本における近代家族の成立を戦前の時期に位置づける論者のなかでも、それを大正期の「家庭」にみるのではなく、明治以降の「家」にみる者もある。たしかに、今まで指摘されてきたとおり（e.g. 上野 1994; 牟田 1996a）明治民法の影響の余波のなかで、明治期における「家」には近代的な側面があったとは言える。しかし「家」そのものを日本型近代家族とみなす見解には無理があると思われる。つまり、落合（1996: 40）が言うとおり、「『家』が『近代家族的』になることはあるが、家系の連続性の観念のような『家』の最も根本的な性格は『近代家族』には無縁」である。

3）なお、明治時代の男女交際および『女学雑誌』にみられる男女交際言説について、教育逸脱史研究会での中村隆文によるさまざまな発表を手がかりにしている。その後、中村の研究は本にまとめられたので、中村（2006）を参照のこと。

4）「愛」と「色」の違いについては佐伯（1998）を参照のこと。

5）アメリカの十八世紀の終わり頃は婚前妊娠の数のピークを迎えたということから推測できるように、バンドリングの段階で性交を行うという逸脱行為がなかったわけではないが、それでも婚姻後の九ヶ月以内に子どもを産んだ嫁は一〇％にも達していないため（Degler 1980: 20）、その数は少ないと言えよう。

6）ただし、これは南部のコートシップのシステムには当てはまらない（Lystra 1989: 164）。

7）婚前妊娠の数は十七世紀と十九世紀に低かったと思われる。十八世紀後半の婚前妊娠率はそれと比べて高かった（Lystra 1989: 76）。

8）その意味で、このイデオロギーは良妻賢母に酷似している。小山（1991）を参照のこと。

9）赤川（1999: 312）からの再引用。

第三章

1）明治時代の「男女交際」に関する言説については、中村（2002）を参照のこと。

2）『主婦之友』については、お茶の水図書館（石川文化事業財団）に保存されているものを利用した。そこの史料には欠号がない。『婦人公論』については、奈良女子大学の図書館に保存されているものを利用した。そこの史料はほぼ完全に保存されているが、欠号もある。なお、ここで引用した大正時代の婦人雑誌に記載されている旧漢字は現代漢字に修正している。また、論文中に抜粋した記事は、同じ趣意の記事の一部であることを断わっておく。

3）アクセプタビリティ（acceptability）という概念はJ. P. Fayeの研究に登場し、重要な位置を占めている。Fayeの関心は言語と歴史との相互関係にあるが、Fayeの分析の対象となるのは言説におけるキーワードの意味の変容、特にその意味の変容と言説のアクセプタビリティとの関係である。たとえば、Fayeはナチ派がドイツの国民に受け入れられる過程において'völkisch'という言葉の意義に注目する。'Völkisch'は「国民」という意味をもつ「Volk」の形容詞でもあり、もともと「国民的」（'national'）のドイツ語の訳語として用いられたものであった。しかし、それが次第に反ユダヤ人感情をあらわす意味を抱えるようになっていった。ドイツでは反ユダヤ人をスローガンにする政党は十九世紀から存在したが、二十世紀のはじめまでには勢いを失った。しかし一九二〇年代に入ると、'völkisch'をスローガンにした反ユダヤ人の政党が復活する。Fayeによると、ナチ派がアクセプタビリティを獲得できたことの背後にあるのは'völkisch'という言葉の意味の変容である、という。本章ではこういったキーワードにおける意味の変容のプロセスを意味論的変容（semantic transformation）と呼ぶ。

なお、英語でのFayeの思想の簡潔な分析としてThompson（1984: 205-231）を参照のこと。

4）木村涼子（1988）は個人主義の価値観と家族主義のそれを軸に『主婦之友』と『婦人公論』にみられるそれぞれの女性像を比較している。

5）なお、‘companionate marriage’という用語が指す意味は分野や論者によって異なることを付け加えなければなるまい。ここでいう「友愛結婚」はストーンの定義や使い方に沿っているが、アメリカの多くの家族社会学者の‘companionate marriage’の定義はそれとは異なる。たとえば、ピメンテル（E. Pimentel）である：“In companionate marriage, the conjugal bond... becomes the central axis of the family” (Pimentel 2000: 33)。Pimentelによれば‘companionate marriage’では夫婦の結合が家族の中心軸となる。つまり、夫婦の関係が親子の絆より優位を占め、家族の柱となる。すなわち感情的核をなす場合のみ、それは‘companionate marriage’とされるわけである。この定義はアメリカの家族を考えるのには役立つし、逆に言えば、アメリカの家族社会学者は主にアメリカの状況に目を向けてきたからこそこのような定義になったことも想像に難くないが、比較の観点から「近代家族」の成立を考察するのには、あまり役に立たない定義の仕方でもある。

6）たとえば、牟田（1996a）、西川（1996）、落合（1996）を参照のこと。

7）「白蓮女史事件」は柳原白蓮という女流歌人にまつわるスキャンダルであった。自分より二十七歳も年上の伊藤傳右衛門という炭坑王と政略結婚をし、十年の結婚生活を送っていたが、家を出て、恋愛関係にあった宮崎龍介の元へ奔った。白蓮は柳原伯爵の娘であり、大正天皇の親戚であっただけに、大スキャンダルとなった。白蓮は夫への絶縁状を大正十年十月二十二日の朝日新聞に載せた。愛のない結婚に耐えるべきか、愛がなければ離婚してよいのか、不倫愛は正当化可能なのか、そもそも愛ではなく金のために結婚していいのかどうかなど、この事件は恋愛や結婚に関する問題を人びとの意識に浮上させるものであった。

第四章

1）瀬地山（1996a: 154）からの再引用。そして、戦前の配偶者選択問題に関する興味深い史料として、森岡清美は大正四年二月の『読売新聞』に掲載された「結婚は愛が先か」という特集を取り上げて、「この企画自体、情緒的満足への要求を評価しない時代から、これを評価する時代への移り変わり、時代の転換の開始時点を暗示するもの」であると述べている（森岡 1993: 165）。その調査で述べられた意見のなかで、「高等女学校卒業程度の一般の婦人は、長者の意志を重んじ、その選択によって結婚したほうが幸福である、という判断を示していた」のだが、森岡が付け加えるように、「今日からいえばきわめて保守的であるが、それでもほとんどすべての回答者が、愛情の重要性を前提に意見を開陳したことは、注目に値しよう」（ibid.: 189）。

2）一事例にすぎないが、朝日新聞によると「25～35歳」の世代を「ロストジェネレーション」と呼んで、その世代についてのシリーズのなかで（ロストジェネレーション――25～35歳　離婚世代」『朝日新聞』二〇〇七年一月八日、一頁）、「キヨミ」という女性の「理想の結婚相手」を次のように記述している。

女性　34歳
東京都　派遣社員
〈理想の結婚相手〉
年収1千万円以上。最低でも正社員。
世田谷の閑静な住宅街に住んで、専業主婦になって、子どもには海外留学をさせて、休みは家族で旅行に行って――。
キヨミは、こんな結婚生活を思い描く。

なお、キヨミのような考えをもつ女性の層が存在することは山田のパラサイト・シングル論にも裏付けられる。山田は言う。「女性は、親の収入が高い人に結婚していない人が多い。つまり、リッチな生活を支えてくれる男性に巡り合えなかったり、つきあっている男性の収入が上がらないから結婚しないのだ」(山田 2001: 69)。さらに、「既婚男性と未婚男性の間には、平均して各年代では一〇〇万円から二〇〇万円の年収差があり、恋人がいる男性といない男性間でも一〇〇万円程度の年収差があるという調査結果」が出ているという(山田 2006: 207-208)。どうやら、「夫選びにあたって、…(中略)…稼ぎ手としての将来性」を意識するのは、戦前期の女性にかぎったことではないようである。

3)そして、英国では一八〇〇年までにはその基準がさらに変化し、配偶者選択自体が子どもに任せられていて、親は拒否権を留保したにすぎない(Stone 1977: 272)。

4)「自由結婚を望む男女のための相談会」(『主婦之友』大正十四年一月号)という座談会記事では厨川蝶子の「今の社会では、自由結婚を非難するのでせうか?」(五十八頁)という単純な疑問に対して、石川武美が「都会と田舎とでは大変ちがひます。都会は自由ですが、地方ではとてもそんなことが許されるものではないやうです」(ibid.)と答える。石川は「都会と田舎」との差を強調しすぎているかもしれないし、奥井亜紗子の研究(奥井 2004)で明らかになったように、地方の農村においても、「恋愛結婚」言説は若者、特に女性に何らかの影響を与えたようである。しかし体験談の内容からいっても、「都会と田舎」とでは差がなかったわけではないようである。

5)なお、学術的な分析ではないが、A. Kerr (2001: 103-131) はこの問題にふれている。

6)なお、戦前の「家」と「家庭」を「対立」しているものとして捉えるよりは、密接にリンクしている二重構造として捉えるべきであろう。つまり、西川祐子 (1996: 82) が指摘しているように、戦前日本には「『家』／『家庭』の二重家族制度」が存在し、その中で「『家』家族と『家庭』家族の保護と服従の関係は日常的につづいた」と述べている。その「『家』／『家庭』の二重家族制度」は日本型近代家族の重要な特徴であると言える。そして牟田和恵 (1996a: 40) が指摘するように、大正期の「家庭」は「家族の独立性・自律性という点においてもヨーロッパブルジョワ家族とはかなり異質であるように思われる」が、それは特に「家」とのリンクにおいて表れていると言える。戦後においても、日本型近代家族の特徴は「独立性・自律性」の比較的脆弱さにあると思えるが、戦後の場合はそれは家／家庭の二重構造に代わって企業／家庭という二重構造に表れていると考えてよいだろう。戦後日本の「企業社会」における企業と家族システムとの密接なリンクについて木本(1995)、大澤(1993)、安川(1997)、桜井・桜井(1987)を参照のこと。

7）なお、文化がいかに行動を規定するかについては、Performance Studiesからヒントを得て、社会行為にはこのような「演出」や「演技」の部分が大きな役割を占めると、最近、論じられるようになった(e.g. Alexander et. al. 2006)。「犠牲者」を演じる「ヒロイン」に言及することによって本人の感情的苦悩が本物ではなかった、あるいは彼女らは「本気」ではなかったと暗示しようとしているのではない。むしろ、この論じ方は、社会行為そのものに「演出」が組み込まれているという前提に基づいている。この場合、その「演劇」には「悲劇」の色彩が濃いのである。

第五章

1）ただし、筆者はこの点に関して、「欧米」との比較ではなく、あくまでも日米比較にこだわりたい。日米の比較に限定して言えば、ロマンティック・ラブに基づいた恋愛結婚を媒介せずに成立した近代家族は「日本の近代家族の大きな特徴」であると同時に、逆にそれを媒介にして誕生した近代家族は米国の近代家族の「大きな特徴」でもあるとも言える。どちらのパターンにも「地域的バリエーション」がみられる。ただし、「欧米」にまで話を拡大すると、日本のパターンは、その面に関しては、それほど特殊的ではない。

2）近代化論の問題点について、Alexander (2003: 198-199)またはEisenstadt (2002: 56-57)を参照されたい。近年の日本の近代家族論における「近代化」をめぐる理論的整理という作業の欠如に関するクリティークおよびその作業の必要性の提唱として Notter（2002）を参照のこと。

3）「合致の方法」（Method of Agreement）と「差異の方法」（Method of Difference）については、第六章の冒頭の部分で簡単に説明している。

4）近年においては大正期には「近代的」と呼ぶにふさわしい「家庭」という家族形態が登場したと主張する者が多くでてきたにもかかわらず（e.g. 落合 1996を参照）、配偶者選択の問題に言及しているものがほぼ皆無であるのは、おそらく、配偶者選択の問題が「恋愛結婚」対「見合結婚」という二項対立図式のなかで捉えられているからであろう。

5）やや皮肉な言い方になっているが、ここでは性交渉を含むという意味では現在の恋愛は「明治以前の夜這いからなる恋愛関係とどう違うのかは明らかでない」からこそ、ほとんど説明を加えずに「近代的恋愛」といった言い回しを用いるのは妥当ではないことを強調したい。しかし、明治以前のムラの恋愛関係と現在のそれとがどう違うかはその点だけをみれば明らかではないものの、同じであるとは主張していない。本書では十九世紀アメリカのロマンティック・ラブと大正期の日本の恋愛とが中心に取り上げられているので、明治以前のムラにおける「恋愛」と現在の「恋愛」のあり方の違いはこの論文の範囲を超える問題である。しかし興味深い問題でもあるし、次のような萌芽的研究が存在するので参照されたい。明治以前のムラの恋愛のあり方に対する徹底した文化分析はほぼ不可能であろうが、この問題と関係している興味深い論説としては赤松（1994）の体験談による著述がある。なお、戦後日本の「恋愛」の問題としては、中尾（2003）の説は戦後の夫婦愛をめぐるものと関連する研究として興味深いし、情熱的な婚前の「恋愛」に関するものとしては、谷本（1998）の研究がある。なお、中尾（2003）と谷本（1998）の研究成果から読み取れる恋愛や夫婦愛のパターンは「ロマンティック・ラブ」と呼ばれる恋愛形態とは特徴を異にする。

6）「色への回帰」という論説にはかなり無理があると言わざるをえない。「色」や「色道」は江戸時代の遊廓文化という範囲のなかで発展した、高度で特殊な文化的現象であったと思われる。それが近代の水商売や「風俗」

の世界で何らかの形で生き残っているとは考えられるものの、近年の援助交際や「ハイレグ」のファッションなどから（牟田 1997）、「色への回帰」が起こったと考えるのは早計であろう。もし現代の性的「自由」を指摘しながら伝統的性規範への回帰が起こったと論じるとすれば、特殊な社会階層でしか存在しなかった、しかも高度な学習を必要とした「色」への回帰よりは、ムラの性規範・性愛観への回帰という説の方がまだ遥かに説得力がある。これとの関連で、上野千鶴子（1987: 166-167）の次の発言は示唆的である。「現代のふしだらな少女たちは、付け焼刃の支配的な性規範など、やすやすと脱ぎ捨てる。そんなもの、はなからなかったようにふるまう彼女たちは、いっきに民族的な性習俗の世界へとタイムスリップしたように見える。かつての娘宿に代わって、ラブホテルが夜這いのスペースを供給する。庶民の娘たちは、いくら『お嬢さま』してみても、サラリーマンという『常民』の身分には、守るべき家柄も伝えるべき家産もないことなどとうに見抜いている。…（中略）…庶民の娘たちのふしだらさは、ただ彼女たちが健康な『常民』の娘たちだったことを証だてる。彼女たちは、二、三世代の記憶などあっというまにとびこえて、『常民』の地をあらわにする。二、三世代で出来上がったものなど、逆に二、三世代ですぐに消える道理だ」。

7）山田（1994: 122）によると、恋愛は「結婚制度にとって、困った事態を引き起こしてしまう」。すなわち、「感情としての恋愛は、生じてしまったらコントロールできない行動欲求となる」と同時に、社会の安定のために「結婚による男女の結びつきは、まず安定的であることが望まれ、経済的、身体的、年齢的に釣り合ったものであることが望まれる」のである（ibid.: 122-123）。そして、「この恋愛と結婚の対立（の危険性）に対処するため、社会は、結婚と恋愛を包み込む三種類のメカニズムを編み出してきた」という（ibid.: 123）。すなわち、「①恋愛と結婚の分離戦略、②恋愛の抑制戦略、③恋愛と結婚の結合戦略」である。①と②は前近代社会を特徴とするのに対して、③の「恋愛と結婚の結合戦略」は近代社会のパターンである。それは「『恋愛＝結婚したい気持ち』と定義する戦略」でもある（ibid.: 126）。「そうすれば、結婚にふさわしい相手が恋愛相手となる傾向が強まり、恋愛と結婚の矛盾は和らげられる」からである。このような「結婚の要請と恋愛の欲求をうまく結びつける制度」こそが「近代社会における恋愛結婚の理念」である。しかも、「近代社会が近代的恋愛を必要とした」ものである（ibid.: 133）。なぜなら、「近代社会の恋愛制度は…（中略）…社会制度全般をむしろ支える方向で機能している」からであるという（ibid.: 127）。なお、このように恋愛と結婚との関係をマクロしかも機能主義的な観点からはじめて論じたのは Goode（[1959] 1974）である。ただし、山田が三つのパターンを提示しているのに対して、Goode は五つのパターンを提示している。

8）たとえば、「ブルデューはプラチック理論を、社会科学における現象学（主観主義）と構造主義（客観主義）の認識論的対立を止揚するものとして位置づけるが、具体的な理論は主として構造主義との対決とのなかで形成された」のである（倉島 2000: 5）。Bourdieu（1990: 26）自身の客観主義パラダイムに対する不満は次の簡潔な記述に表れている。"Objectivism, which sets out to establish objective regularities (structures, laws, systems of relationships, etc.) independent of individual consciousness and wills, introduces a radical discontinuity between theoretical knowledge and practical knowledge, rejecting the more or less explicit representations with which the latter arms itself..."。

9）歴史社会学的な観点からの収斂理論（convergence theory/convergence thesis）に関するクリティークとして Abrams（1982）の第五章（Abrams 1982: 108-146）を参照されたい。なお、収斂理論の主張者によると、産業化が進展するにつれて、諸社会の社会制度や社会構造が似てくる（＝収斂する）と同時に、それらの社会にみられる規範や価値観も似てくる、という。パーソンズの機能主義の大きな特徴は収斂を前提におく近代化論であったが、戦後から一九六〇年代末までの時期の間にはパーソンズの機能主義が社会科学のなかで支配的な地位を占めていったと同時に、収斂仮説もかなりの程度、定着してしまったと思われる。当時のアメリカの社会科学ではアメリカ社会は近代化の到達のモデルとされていたのでかなりエスノセントリック（すなわちアメリカ中心主義）であったことは言うまでもないが、面白いことに、日本では近代化論では欧米が到達のモデルとなっていたからこそ、「近代の超克」（Miyoshi & Harootonian 1989; Najita 1989）を主張する立場とは対照的で、リベラルな立場となったと言える。そのせいか、欧米の社会学では近代化論はほぼ否定されているのに対して（註15を参照）、日本では未だに比較的に根強いと言える。しかしもちろん、日本でもそれに対する反論がないわけではない。理論的収斂と分岐（divergence）の分立はアカデミック・ディシプリンにも反映されてきたことは Mouer & Sugimoto（1986: 55）によって指摘されているが、日本でも収斂理論に対する反論は人類学の分野から登場したようである。たとえば、社会人類学者である中根千枝は一九六〇年代後半には次のように語っている。「従来の近代化論においては、いわゆる下部構造が上部構造を規定していくという考え方が強く、したがって、日本の工業化が西欧の水準に達すれば、社会のあり方も西欧と同様なものになるはずだという見方に支配されていた」が（中根 1967: 15-16）、「経済的に工業化したからといって、日本人の考え方、人間関係のあり方がすべて西欧のそれに変わる、あるいは近づくと考えるのは、あまりに単純すぎはしないだろうか」と説く（ibid.: 17）。さらに、村上ら（村上 et al. 1979: 126-127）は「近代化」の定義として、「近代化＝産業化」と「近代化＝欧米化」という二つを呈示し、前者をとる。「近代化」の前者のような捉え方は近年の近代家族論にもみられなくはないが（e.g. 牟田 1996a; 上野 1996）、山田の恋愛論や近代家族論には「単系的発展論の匂い」が残ると言わざるをえない。

10）最近のジェンダー論では、人間の生物学的側面などに言及すると、反射的に「本質主義」というレッテルを貼られる傾向がある。もちろん、ジェンダー論に限らず、そもそも社会学という分野は人間の行動がいかに社会に規定されているかということを説明する学問であるので、Lasch（1977: 149）が言うように、人間の行動を説明するのにはそういう側面が過剰に強調されてきたと思える（"[T]he 'oversocialized concept of man' runs through almost all modern sociology"）。しかし、人間は著しく社会化された動物であるとはいえ、それでも本能的・生物学的な側面がないわけでは決してない。この点について Halton（1992）の論説は興味深いものであるので参照されたい。

11）そういった混乱の事例として、小谷野敦の恋愛論（小谷野 1997, 2000）をあげることができる。

12）なお、感情と文化との関係に関する議論として、Calhoun（2001）、Levi（1984）、Rosaldo（1984）、Sommers（1988）を参照のこと。

13）文化分析については、Alexander（1988, 1990, 2003）、Alexander & Seidman（1990）、Geertz（1973）、Kane（1990）、Smith（1998）を参照のこと。

14）"Recent developments in cultural [analysis] converge in their emphasis on the autonomy of culture from social structure. The meaning of an ideology or belief system cannot be read from social behavior; it must be studied as a pattern in and of itself"（Alexander 1990: 25）。

15）近代化論が否定されてきた理由について、Alexander（2003: 198-199）またはEisenstadt（2002: 56-57）を参照されたい。

第六章

1）ただし「産業社会」におけるバリエーションがかなりあることを忘れてはならない。Asada（1989）が論じているように、日本型資本主義はヨーロッパ型資本主義、またはアメリカ型資本主義とはかなり特徴を異にすると思われる。十九世紀にアメリカの場合は、少なくとも中産階級においては産業社会は個人主義という規範と適応性をもつと思われるが、個人主義という規範は日本の大正期（または昭和時代）のサラリーマンとはほぼ無縁な規範である、と言っても過言ではないだろう。大正期のサラリーマンについて竹内洋の研究（竹内1996; 1997）を参照されたい。

2）なお、日本における「近代的自我」の発見を北村透谷の恋愛論にしばしばみいだされることも興味深い（小倉1999b）。

3）ただし、「個人主義」と「個人性」は概念として区別すべきものの、実際にはその二つが融合している場合も多いことを忘れてはならない。たとえば、Turnerは、「個人主義」はカルヴィニズムに由来すると述べているが、ピューリタンは教会に対して自分の良心にしたがう権利を主張したと同時に、個人の良心の探求そのものは、個人の精神的状態への関心の高まりという「個人性」をともなうし、またその内面的発達の前提こそが個人の良心にしたがう権利の主張を正当化するのである。

4）ここで言う「愛情」は"affection"という意味で使っているものであって、情熱的な"love"や"romantic love"とは区別する必要がある。ストーンが言うように、この時期に「愛情」が結婚の動機として認められてきたものの、ロマンティック・ラブや性愛が正当な結婚の動機として認められたわけではない。Stone（1977: 281）は言う。"Even those who were most ardent advocates of basing the choice on mutual affection were equally firm in condemning the two other possible personal motives for marriage: sexual desire and romantic love"。このように、配偶者選択および夫婦関係の問題を取り上げる際に、「愛情」と「ロマンティック・ラブ」を別個の範疇として捉えなければならないのである。翻訳の問題もあって、日本における近代家族論ではこの区別がほとんどなされることなく、"affection"も"love"も両方とも混同して「愛情」として語られる傾向があるので、特に注意が必要である。

5）Lystra（1989: 30）が言うように、「ロマン主義的自我」はロマン主義運動で伝達された「anti-role」という概念――単純化して言えば「本当の自分」というものは社会的役割に隠蔽されてしまうという概念――と密接に関係していると思われる。

6）なお、日本語圏の社会学ではこの現象は「人格」の聖化として知られているので、やむを得ずここでは「人格」という言葉を用いているが、この現象を「個人」の聖化として捉えるべきであり（特に個人主義との関連で論じる場合）、「人格」の聖化あるいは「人格」の崇拝として捉えると、誤解を招く危険性が大いにある。なぜ「人格」という用語が誤解を招くかというと、日本では人格主義／教養主義という思想が存在するため、どうしても「人格」という語は人格主義／教養主義における「人格」の意味として理解されがちだからである。

つまり、日本では教養主義＝人格主義という思想の伝統があるが、Durkheim が記述している現象は大正期の「人格主義」で登場する意味での「人格」の崇拝では決してない。実際に、そのような誤解が生じた事例もみられるので（e.g. 山田 2002: 53）、注意が必要である。もともと Durkheim はフランス語で書いていたので、もちろん「人格」という語は使用していない。そこで、Durkheim が記述しようとした現象を日本語に訳す際に、「人格」や「人格崇拝」という用語が適切だったかどうかという問題が持ち上がるが、その問題についでは註7で取り上げているので参照されたい。

7）なお、この概念を表すための用語は「人格崇拝」となっており、日本ではこの場合に「人格」という用語が定着しているのでこの節の題目にも「人格崇拝」を用いているが、厳密に言えば、「人格」という用語は、Durkheim が表現していた単語および概念の訳として、はたしてふさわしいか否かについては、再検討が必要である。たとえば、Durkheim の『社会学と哲学』という著書の訳書が事例となる。Durkheim はたしかにそのなかで、“The human personality is a sacred thing”（Le personnalité humaine est chose sacrée [Durkheim [1924] 1967: 41]）というように（Durkheim [1924] 1965: 37）、‘human personality’ という表現を使うことがあった。ここで用いられる ‘personality/personalité’ を日本語に訳す際に、直訳すべきかどうかは厄介なところであるが、この場合はそれでよいであろう。和訳ではこれは「人間の人格は神聖なものである」（デュルケム [1924] 1985: 83）となっている。明治時代には「人格」という語が ‘personality’ という語を訳するために使われていたという歴史的背景があるので（佐古 1995）、この訳はあり得るであろう。ただし、Durkheim 自身がこのような現象に言及する際に、‘personalité’ という語を用いることは稀であったことも事実である。実際に、“personalité” という語を用いるのはきわめて例外的であった。ほとんどの場合は ‘l'homme’（すなわち ‘Man’／人間）または ‘personne humaine’（人間）を用いている。翻訳は簡単な作業ではないし、自由訳がもっとも適切という場合もある。しかしこの場合では「人格」という訳語が適切かどうかについては、再検討が必要であると思われる。

8）本章で論じているように、「自我への芽生え」といった表現的個人主義の側面は十九世紀のロマンティック・ラブの制覇と密接に関係していると考えられるが、そもそも「女性への個人主義思想の適用」がはじめてみられるのは十八世紀のアメリカ革命後である。M. B. Norton の著作（Norton 1980）で明らかになったように、当時はフランス革命やアメリカ革命にまつわる啓蒙的思想が男女関係にかなりの影響を与え、営業の管理など、それまで男性にしか委ねられなかった仕事を女性が担うことを正当化するように働いた。なお、「女性への個人主義思想の適用」は、近代家族の特徴の一つである性別役割分業体制に矛盾する側面があることは言うまでもない。米国型近代家族は一九七〇年代までこの矛盾を抱えることになる。

9）「一七八〇年以降、ロマンティック・ラヴとロマンス小説の両方が同時に広まった。そして、その因果関係の問題は解決不可能である。ただ言えることは、歴史上初めてロマンティック・ラヴが有産階級の間で妥当な結婚の動機として認められるようになったということである」（Stone 1977: 284; ストーン 1991: 235）。このようなロマンス小説の普及の背後には女性のリテラシーの獲得があった。アメリカの場合は、十九世紀のはじめに、公立教育が普及しはじめて、一八六〇年にアメリカの北部と西部の農家の家族を対象にした調査によると、十歳から十四歳までの白人男性の八四％が、そして同じ年齢の白人女性の八二％が学校に通っていた（Degler 1980）。一八七〇年には高等学校を卒業した一万六千人の半分以上は女性であり、その三十年後の一九〇〇年には、高等学校卒業生の数はその六倍にまで増え、しかもその六〇％は女性であった（Rothman 1984）。そしてその教育の拡充の成果がリテラシー率にはっきりとみてとれる。たとえば、一七七六年（アメリカ独立革命の年）には成人の男性の約八〇％が自分の名前を書くことができたの対して、成人の女性の約四〇～四五％しかそれができなかったが、一八五〇年までには、二十歳以上の白人女性の八七％以上は読み書きができていたと思われる（Degler 1980）。そして英国の場合と同じく、それはロマンス小説の消費とロマン主義的愛そのものの普及に大きな影響を及ぼしたようである。E. Rothman（1984: 103）によると、米国の十八世紀の終わり頃には配偶者選択において愛は重視されたが、「情熱的な愛」は懐疑されたし、ロマンス小説は危険視された。

しかし、はやくも一八四〇年までにはロマンスは肯定的に捉えられるようになり、ロマンス小説にあらわれるような情熱的なロマンティック・ラブは配偶者選択や結婚生活において欠くことのできない必須条件としてみられるようになったという。Stone によると、「家の利害や両親の統制に反対する恋愛や個人の自律性をめぐる葛藤をその中心主題とするロマンス小説（romantic novel）が全盛期を迎えることになる」のは十八世紀末であるというが、文学の趨勢としては、「『ロビンソン・クルーソー』のような皮相なピカレスク冒険小説から、『嵐が丘』のような個人心理を深く探求したものに至るまでの小説の進化」は十九世紀へと、さらに加速すると思われる（Stone 1977: 228, ストーン 1991: 186、訳に変更あり）。

10）この逆説は Alexander（1983）に指摘されている。Alexander はウェーバーの理論を対象とした著作について次のように述べている。"Weber argues that this religious determinacy（＝ものごとが神に決定されるという前提），...gives the appearance of dissolving the very intentional and voluntaristic qualities of action which it actually strenghthened. It did so because it eliminated the self-conscious focus on 'ends', allowing the impression that effective action was only a matter of 'means'. ...His subjective inferiority to God made the Puritan feel passive even in the midst of his heightened earthly activity."（Alexander 1983: 36; 傍線は強調のために付記）。

11）なお、これとの関連で、十八世紀のロマンティック・ラブの登場とともに、女性の感情的表現がこの意味で思い切った（unrestrained）ものとなった、という Stone（1977: 286）の指摘も興味深い。

12）Giddens の理論には行為者の認知的側面を過剰に強調し、行為者の感情的側面およびそれを規定する文化的背景を無視する傾向があることに対する批判として、Mestrovic（1998）を参照のこと。

1）日本における母による子どものための自己犠牲への志向は多くの論者によって指摘されていることである。また心理人類学者であるDeVosはT. Reikのマゾヒズム論に依拠しながらこの現象を「道徳的マゾヒズム」の事例として捉えている（DeVos 1985）。たしかにそこにはマゾヒスティックな側面をみいだすことができるが、デュルケムの後期理論の観点から言えば、このような自己犠牲は母性の「聖性」を支える軸となっている、ということができる。「社会を捨て、…（中略）…欲を断」つことによって自己犠牲的なライフスタイルに励むということは禁欲主義（asceticism）として知られている。禁欲主義はまた、神仏への奉仕として、宗教的苦行として機能することは周知の通りである。デュルケムは宗教生活における禁欲主義が占める位置について次のように述べている。つまり、禁欲主義は「人が俗なる世界から自らを切り離すように努力することによってしか自らを聖別し、清めることができないという原理に基づいている」という。「生粋の禁欲主義者は…（中略）…断食や徹夜の祈り、または世の中からの隔絶や沈黙を守ること、一言でいえば断念（privations）によって、特別な神聖さを獲得する者である」（Durkheim [1915] 1976: 311）。

2）母もの映画については坂本（1997: 126-175）を参照のこと。

3）ロマンティック・ラブそのものに家族の独立性を支えるメカニズムが宿ることを示唆する概念として、「対幻想」という、もともと吉本隆明の『共同幻想論』という著作に登場する概念がある。この概念は「共同幻想」と「自己幻想」と並ぶものであるが、上野千鶴子（1986: 3）によると、この三つの「幻想」で注目すべきところは、「自己幻想と共同幻想は『逆立』するが、しばしば自己幻想は共同幻想にまきこまれ、吸収される」のに対して、「対幻想は共同幻想と拮抗し、無限に遠ざかろうとする」という点である。つまり、「共同体とは、『わたくしのようなもの』の集合のことにほかならない。自己幻想と共同幻想とが、逆立の関係にありながら通底しあうこと、自己幻想は共同幻想からの不断のくりこみについに抗しきれない理由はここにある」が、「対幻想はちがう」という。「異質な他者に同一化しようとすれば、自己幻想はたんなる同心円的拡大を許されない」からである（ibid.: 5）。「異質な他者に同一化しよう」とすることこそ、本書の第六章で論じたように、十九世紀に親密的なコミュニケーションを特徴とする儀式を通してロマンティック・ラブに携わる人々のことに当てはまる言葉であるが、その意味においては、十九世紀アメリカに登場したホームの家内性の核というのは吉本のいう意味での「対幻想」を特徴とするダイアドであったと考えられる。上野を含めて、近年において近代家族について論じる者のなかで国家と家族とのリンクについて論じる者は多いし（e.g. 小山 1999、牟田 1996a、西川 2000）、たしかに、牟田（1996a: i）が言うように、「家族とは、近代社会において、全体社会と個とをつなぐ戦略的な地位をしめる、きわめて政治的な装置であった」ということも考えられる。しかし、こういった「全体社会と個とをつなぐ戦略」が効果的なのは、「共同幻想論」的に言えば、「自己幻想は共同幻想からの不断のくりこみについに抗しきれない」からであるということを忘れてはならない。要は、家族は一方的に国家に利用されるものではなく、家族の「政治的な装置」としての性格は家内性の核のあり方によって左右されると考えられるということである。

4）なお、資本主義のさまざまなバリエーションについて、Asada（1989）を参照されたい。

5）日本における性別役割分業の根強さは特に目立つし、家族感情のあり方と深くかかわっていると考えられる。たとえば、瀬地山（1996a: 46）が「夫婦間の結びつきよりも親子、特に母子の結合が重視されるという点で、西欧に比べて特殊日本的な色彩を帯びている」ことを指摘し、そしてそれとの関連で、現在の日本では固定的な性別役割分業が消滅せず、「男女間の権力の差はいささか緩和されながらも、依然として母子の結合が強調され、かつ一方で家事に影響を及ばさない範囲での就労が容認されるといった特徴をもつ現代日本型の家父長制が存在し、そうした規範によってM字型就労が主流となっている」という。しかも、「こうした現象が決して普遍的なプロセスではなく、むしろ特殊日本的な刻印を帯びていることは、諸外国との比較で明らかになろう」と断言する。性別役割分業は近代家族の大きな特徴であると同時に、日本の場合、それは特に家族と企業との関係構造上において支えられていると言えよう。そして実際に、瀬地山の言うとおり、それがM字型就労形態をとって表れているのである。つまり、今や女子労働率が高いとはいえ、結婚あるいは特に出産を契機に労働市場をいったん退場することが多く、特に都市部の中産階級ではそのパターンが圧倒的に多いのである。いわゆる「専業主婦」の数は減ったものの、落合（2000）が言うように、子どもを育てながらパート労働に携わる者のほとんどは意識上「主婦」であり、家事や育児の邪魔をしない程度しか働いていないのである。母性や母性愛が「聖なるもの」となっているのであれば、その趨勢は簡単に変わるものではなかろう。

著者紹介

David Notter（デビッド・ノッター）

慶應義塾大学経済学部准教授。1964年、米国生まれ。オベリン大学（Oberlin College）卒業。京都大学大学院教育学研究科博士課程修了。博士（教育学）。論文に、「近代家族と家族感情」（稲垣恭子編『子ども・学校・社会：教育と文化の社会学』世界思想社、2006年）、「純潔の構造：聖と俗としての恋愛」（『ソシオロジ』150号、2004年）、「スポーツ・エリート・ハビトゥス」（共著、杉本厚夫編『体育教育を学ぶ人のために』世界思想社、2001年）などがある。

純潔の近代

―― 近代家族と親密性の比較社会学

2007年11月10日初版第1刷発行
2021年 3 月25日初版第2刷発行

著　者 ―――― デビッド・ノッター
発行者 ―――― 依田俊之
発行所 ―――― 慶應義塾大学出版会株式会社
〒108-8346　東京都港区三田 2-19-30
TEL〔編集部〕03-3451-0931
TEL〔営業部〕03-3451-3584〈ご注文〉
〃　03-3451-6926
FAX〔営業部〕03-3451-3122
振替　00190-8-155497
https://www.keio-up.co.jp/
装　丁 ―――― 鈴木　衛
印刷・製本 ―― 中央精版印刷株式会社
カバー印刷 ―― 株式会社太平印刷社

Printed in Japan　ISBN 978-4-7664-1423-3

索　引

参考文献

Abrams, Philip 1982, *Historical Sociology*, Ithica: Cornell University Press.

赤川学　1996、『性への自由／性からの自由：ポルノグラフィの歴史社会学』青弓社。

——— 1999a、『セクシュアリティの歴史社会学』勁草書房。

——— 1999b、「近代日本の言説の中で『性欲』と『恋愛』はどのように語られてきたか」『恋愛学がわかる。』AERA Mook 朝日新聞社、58-62 頁。

赤松啓介　[1950] 1993、『女の歴史と民族』明石書店。

——— 1994、『夜這いの民族学』明石書店。

Alexander, Jeffrey C. 1982a, *Positivism, Presuppositions and Current Controversies*, Vol. 1 of *Theoretical Logic in Sociology*, Berkeley: University of California Press.

——— 1982b, *The Antinomies of Classical Thought: Marx and Durkheim*, Vol. 2 of *Theoretical Logic in Sociology*, Berkeley: University of California Press.

——— 1983, *The Classical Attempt at Theoretical Synthesis: Max Weber*, Vol. 3 of *Theoretical Logic in Sociology*, Berkeley: University of California Press.

——— 1984, "Three Models of Culture and Society Relations: Toward an Analysis of Watergate," R. Collins ed., *Sociological Theory*, San Francisco: Jossey-Bass Inc.

——— 1987a, *Twenty Lectures: Sociological Theory Since World War II*, New York: Columbia University Press.

——— 1987b, "Action and its Environments," J. C. Alexander, B. Giesen, R. Munch, and N. J. Smelser eds., *The Micro-Macro Link*, Berkeley: University of California Press, pp. 289-318.

——— 1988a, "Introduction: Durkheimian Sociology and Cultural Studies Today," J. C. Alexander ed., *Durkheimian Sociology: Cultural Studies*, Cambridge: Cambridge University Press, pp. 1-21.

——— 1988b, "Culture and Political Crisis: 'Watergate' and Durkheimian Sociology," J. C. Alexander ed., *Durkheimian Sociology: Cultural Studies*, Cambridge: Cambridge University Press, pp. 187-224.

——— 1989a, "Rethinking Durkheim's Intellectual Development: On the Complex Origins of a Cultural Sociology," Alexander, Jeffrey C. *Structure and Meaning:*

Relinking Classical Sociology, New York: Columbia Press, pp. 123-155.

——— 1989b, "Sociology and Discourse: On the Centrality of the Classics," Alexander, Jeffrey C. *Structure and Meaning: Relinking Classical Sociology*, New York: Columbia University Press, pp. 8-67.

——— 1989c, "The Dialectic of Individuation and Domination: Weber's Rationalization Theory and Beyond," Alexander, Jeffrey C. *Structure and Meaning: Relinking Classical Sociology*, New York: Columbia University Press, pp. 68-100.

——— 1989d, "The Cultural Grounds of Rationalization: Sect Democracy Versus the Iron Cage," Alexander, Jeffrey C. *Structure and Meaning: Relinking Classical Sociology*, New York: Columbia University Press, pp. 101-122.

——— 1990, "Analytic debates: Understanding the Relative Autonomy of Culture," J. C. Alexander and S. Seidman eds., *Culture and Society: Contemporary Debates*, Cambridge: Cambridge University Press, pp. 1-27.

——— 1992, "The Promise of a Cultural Sociology: Technological Discourse and the Sacred and Profane Information Machine," R. Munch and N. J. Smelser eds., *Theory of Culture*, Berkeley: University of California Press, pp. 293-323.

——— 2003a, *The Meanings of Social Life: A Cultural Sociology*, New York: Oxford University Press.

——— 2003b, "On the Social Constructions of Moral Universals: The 'Holocaust' from War Crime to Trauma Drama," Alexander, Jeffrey C. *The Meanings of Social Life: A Cultural Sociology*, New York: Oxford University Press, pp. 27-84.

Alexander, Jeffrey C. & Bernhard Giesen 1987, "From Reduction to Linkage: The Long View of the Micro-Macro Link," J. C. Alexander, B. Giesen, R. Munch, and N. J. Smelser eds., *The Micro-Macro Link*, Berkeley: University of California Press, pp. 1-42.

Alexander, Jeffrey C., Berhnard Giesen & Jason L. Mast eds., 2006, *Social Performance: Symbolic Action, Cultural Pragmatics, and Ritual*, Cambridge: Cambridge University Press.

Alexander, Jeffrey C., Bernhard Giesen, Richard Munch & Neil J. Smelser eds., 1987, *The Micro-Macro Link*, Berkeley: University of California Press.

Alexander, Jeffrey C. & Steven Seidman eds. 1990, *Culture and Society: Contemporary Debates*, Cambridge: Cambridge University Press.

Alexander, Jeffrey C. & Philip Smith 2003, "The Strong Program in Cultural Sociology: Elements of a Structural Hermeneutics," Alexander, Jeffrey C. *The Meanings of Social Life: A Cultural Sociology*, Oxford: Oxford University Press, pp. 11-26.

Allison, Ann 1994, *Nightwork: Sexuality, Pleasure, and Corporate Masculinity in a Tokyo Hostess*

Club, Chicago: University of Chicago Press.

——— 1996, *Permitted and Prohibited Desires: Mothers, Comics, and Censorship in Japan*, Boulder: Westview Press.

Allyn, David 2000, *Make Love, Not War: The Sexual Revolution, an Unfettered History*, Boston: Little, Brown and Company.

天野郁夫　1991、「女性と中等教育」天野郁夫編『学歴主義の社会史：丹波篠山にみる近代教育と生活世界』有信堂光文社、94-103 頁。

天野正子　1987、「婚姻における女性の学歴と社会階層」『教育社会学研究』42。

青山道夫　1978、『日本家族制度論』九州大学出版会。

Archer, Margaret S. 1988, *Culture and Agency: The Place of Culture in Social Theory*, Cambridge: Cambridge University Press.

Aries, Philippe 1962, *Centuries of Childhood*, R. Baldwick trans., London: Jonathan Cape Ltd.

Asada, Akira 1989, "Infantile Capitalism and Japan's Postmodernism: A Fairy Tale," K. Seldon ed., M. Miyoshi and H. D. Harootunian eds., *Postmodernism and Japan*, Durham: Duke University Press, pp. 273-278.

朝日新聞社編　1979、『朝日新聞 100 年にみる恋愛と結婚』朝日新聞社。

Averill, James R. 1985, "The Social Construction of Emotion: With Special Reference to Love," K. J. Gergen and K. E. David eds., *The Social Construction of the Person*, New York: Springer-Verlag, pp. 89-108.

Bailey, Beth L. 1988, *From Front Porch to Back Seat: Courtship in Twentieth-Century America*, Baltimore: John Hopkins University Press.

Baumeister, Roy F. 1987, "How the Self Became a Problem: A Psychological Review of Historical Research," *Journal of Personality and Social Psychology*, Vol. 52, No. 1, pp. 163-176.

Baumeister, Roy F. & Dianne M. Tice 1986, "How Adolescence Became the Struggle for Self: A Historical Transformation of Psychological Development," J. Suls and A. Greenwald eds., *Psychological Perspectives on the Self*. Vol. 3, Hillsdale: Lawrence Erbaum Associates, pp. 183-201.

Beck, Ulrich [1986] 1992, *Risk Society: Towards a New Modernity*, M. Ritter trans., London: Sage Publications.

Beck, Ulrich & Elisabeth Beck-Gernsheim [1990] 1995, *The Normal Chaos of Love*, M. Ritter & J. Wiebel trans., London: Polity Press.

Bell, Daniel 1973, *The Coming of Post-Industrial Society: A Venture in Social Forecasting*, New York: Basic Books.

——— [1976] 1996, *The Cultural Contradictions of Capitalism*, New York: Basic Books.

Bellah, Robert N. [1957] 1985, *Tokugawa Religion: The Cultural Roots of Modern Japan*, New York: The Free Press.

——— [1970] 1991a, "Meaning and Modernization," Bellah, Robert N. *Beyond Belief: Essays on Religion in a Post-Traditional World*, Berkeley: University of California Press, pp. 64-75.

——— [1970] 1991b, "Father and Son in Christianity and Confucianism," Bellah, Robert N. *Beyond Belief: Essays on Religion in a Post-Traditional World*, Berkeley: University of California Press, pp. 76-99.

——— [1970] 1991c, "Values and Social Change in Modern Japan," *Bellah, Robert N. Beyond Belief: Essays on Religion in a Post-Traditional World*, Berkeley: University of California Press, pp. 114-145.

——— [1970] 1991d, "Civil Religion in America," Bellah, Robert N. *Beyond Belief: Essays on Religion in a Post-Traditional World*, Berkeley: University of California Press, pp. 168-189.

——— 1973, "Introduction," R. Bellah ed., *Emile Durkheim on Morality and Society*, Chicago: The university of Chicago Press, pp. 168-189.

——— 2002, "Meaning and Modernity: America and the World," R. Madsen, W. M. Sullivan, A. Swidler and S. M. Tipton eds., *Meaning and Modernity: Religion, Polity, and Self*, Berkeley: University of California Press, pp. 255-276.

Bellah, Robert N. et al. 1985, *Habits of the Heart: Individualism and Commitment in American Life*, Berkeley: University of California Press.

Benton, John F. 1982, "Consciousness of Self and Perceptions of Individuality," R. L. Benson and G. Constable eds., *Renaissance and Renewal in the Twelfth Century*, Cambridge (MA): Harvard University Press, pp. 263-295.

Berend, Zsuzsa 2000, "'The Best or None!' : Spinsterhood in Nineteenth-Century New England," *Journal of Social History*, Vol. 33, pp. 935-957.

Berger, Bennet M. 1995, *An Essay on Culture: Symbolic Structure and Social Structure*, Berkeley: University of California Press.

Berlin, Isaiah 1979, *Against the Current: Essays in the History of Ideas*, H. Hardy ed., Oxford: Clarendon Press.

Berman, Morris 1989, *Coming to Our Senses: Body and Spirit in the Hidden History of the West*, New York: Simon and Schuster.

Biernacki, Richard 1999, "Method and Metaphor after the New Cultural History," V. E. Bonnell and L. Hunt eds., *Beyond the Cultural Turn: New Directions in the Study of*

Society and Culture, Berkeley: University of California Press, pp. 62-92.

Blau, Peter M. 1987, "Contrasting Theoretical Perspectives," J. C. Alexander, B. Giesen, R. Munch, and N. J. Smelser eds., *The Micro-Macro Link*, Berkeley: University of California Press, pp. 71-85.

Blumin, Stuart M. 1989, *The Emergence of the Middle Class: Social Experience in the American City, 1760-1900*, Cambridge: Cambridge University Press.

Bly, Robert 1990, *Iron John: A Book About Men*, Reading: Addison-Wesley Publishing Company.

——— 1996, *The Sibling Society*, Reading: Addison-Wesley Publishing Company.

Bonnell, Victoria E. & Lynn Hunt 1999, "Introduction," V. E. Bonnell and L. Hunt eds., *Beyond the Cultural Turn: New Directions in the Study of Society and Culture*. Berkeley: University of California Press, pp. 1-32.

Boudon, Raymond 1987, "The Invididualistic Tradition in Sociology," J. C. Alexander, B. Giesen, R. Munch and N. J. Smelser eds., *The Micro-Macro Link*, Berkeley: University of California Press, pp. 47-70.

Bourdieu, Pierre 1978, "Sport and Social Class," *Social Science Information*, Vol. 17, No. 6, pp. 819-840.

——— 1990, *The Logic of Practice*. R. Nice trans., Cambridge: Polity Press.

——— 1993, *The Field of Cultural Production: Essays on Art and Literature*, R. Johnson ed. and trans., New York: Columbia University Press.

Bourdieu, Pierre & Loic J. D. Wacquant 1992, *An Invitation to Reflexive Sociology*, Chicago: The University of Chicago Press.

Brinton, Mary C. 1993, *Women and the Economic Miracle: Gender and Work in Postwar Japan*, Berkeley: University of California Press.

Caillois, Roger [1939] 1959, *Man and the Sacred*, M. Berash trans., Glenco: The Free Press.

Calhoun, Craig 1992, "Culture, History, and the Problem of Specificity in Social Theory," S. Seidman and D. G. Wagner eds., *Postmodernism and Social Theory: The Debate over General Theory*, London: Basil Blackwell, pp. 244-288.

——— 1995, "Interpretation, Comparison and Critique," Calhoun, Craig. *Critical Social Theory: Culture, History, and the Challenge of Difference*, Oxford: Basil Blackwell, pp. 43-69.

——— 1996, "Whose Classics? Which Readings?: Interpretation and Cultural Differnece in the Canonization of Sociological Theory," S. P. Turner ed., *Social Theory and Sociology: The Classics and Beyond*, Cambridge (Ma): Blackwell Publishers, pp. 70-96.

——— 2001, "Putting Emotions in Their Place," J. Goodwin, J. M. Jasper and F. Polletta eds., *Passionate Politics: Emotions and Social Movements*, Chicago: University of Chicago Press, pp. 45-57.

Campbell, Colin 1987, *The Romantic Ethic and the Spirit of Modern Consumerism*, Oxford: Basil Blackwell.

Campbell, Joseph 1951, *The Flight of the Wild Gander*, Chicago: Regnery Gateway.

Cancian, Francesca M. 1987, *Love in America: Gender and Self-development*, Cambridge: Cambridge University Press.

Caplan, Pat 1987, "Introduction," P. Caplan ed., *The Cultural Construction of Sexuality*, London: Routledge, pp. 1-30.

Cate, Rodney M. & Sally A Lloyd 1992, *Courtship*, Newbury Park: Sage Publications.

Chenu, M. D. 1957, *Nature, Man, and Society in the Twelfth Century: Essays on New Theological Perspectives in the Latin West*, J. Taylor and L. K. Litte trans. and eds., Chicago: University of Chicago Press.

Cherlin, Andrew 1994, "The Japanese Family in Comparative Perspective," L. Choy and M. Yada eds., *Tradition and Change in the Asian Family*, Honolulu: East-West Center, pp. 421-433.

張　競　1995、『近代中国と「恋愛」の発見：西洋の衝撃と日中文学交流』岩波書店。

Chwe, Michael Suk-young 2001, *Rational Ritual: Culture, Coordination, and Common Knowledge*, Princeton: Princeton University Press.

Collins, Randall 1981, "Love and Property," Collins, Randall, *Sociological Insight: an Introduction to Non-obvious Sociology*, New York: Oxford University Press, pp. 119-154.

——— 1988, "The Durkheimian Tradition in Conflict Sociology," J. C. Alexander ed., *Durkheimian Sociology: Cultural Studies*, Cambridge: Cambridge University Press, pp. 107-128.

——— 2001, "Social Movements and the Focus of Emotional Attention," J. Goodwin, J. M. Jasper and F. Polletta eds., *Passionate Politics: Emotions and Social Movements*, Chicago: University of Chicago Press, pp. 27-44.

Coontz, Stephanie 1988, *The Social Origins of Private Life: A History of American Families 1600-1900*, London: Verso.

——— 1992, *The Way we Never Were: American Families and the Nostalgia Trap*, New York: Basic Books.

Coser, R. L. ed. 1974, *The Family: Its Structures and Functions*, 2nd Edition, London: Macmillan.

Cott, Nancy F. 1979, "Passionless: An Interpretation of Victorian Sexual Ideology, 1790-1850," N. F. Cott and E. H. Pleck eds., *A Heritage of Her Own: Toward a New Social History of American Women*, New York: Simon and Schuster, pp. 162-181.

Cott, Nancy F. & Pleck, Elizabeth H. eds. 1979. *A Heritage of Her Own: Toward a New Social History of American Women*, New York: Simon and Schuster.

Degler, Carl N. 1980, *At Odds: Women and the Family in America from the Revolution to the Present*, New York: Oxford University Press.

D'Emilio, John & Estelle B. Freedman 1988, *Intimate Matters: A History of Sexuality in America*, New York: Harper and Row.

DeVos, George 1973, "Some Observations of Guilt in Relation to Achievement and Arranged Marriage," DeVos, George et al., *Socialization for Achievement: Essays on the Cultural Psychology of the Japanese*, Berkeley: University of California Press, pp. 144-164.

——— 1985, "Dimensions of Self in Japanese Culture," G. DeVos, F. L. K. Hsu and A. J. Marsella eds., *Culture and Self: Asian and Western Perspectives*, London: Tavistock Publications, pp. 141-184.

——— 1993, "A Cross-cultural Perspective: The Japanese Family as a Unit in Moral Socialization," P. A Cowan, D. Field, D. A. Hansen, A. Skolnick and G. E. Swanson eds., *Family, Self, and Society: Toward a New Agenda for Family Research*, Hillsdale: Lawrence Erlbaum Associates, pp. 115-142.

DeVos, George, Francis L. K. Hsu & Anthony J. Marsella eds. 1985, *Culture and Self: Asian and Western Perspectives*, London: Tavistock Publications.

DeVos, George & Marcelo M. Suarez-Orozco 1987, "Sacrifice and the Experience of Power," *The Journal of Psychoanalytic Anthropology*, Vol. 10, No. 4 (Fall), pp. 309-340.

DiMaggio, Paul J. & Walter W. Powell 1991, "Introduction," W. W. Powell and P. J. DiMaggio eds., *Organizational Analysis: The New Institutionalism*, Chicago: University of Chicago Press, pp. 1-24.

Douglas, Ann 1977, *The Feminization of American Culture*, New York: Avon Books.

Douglas, Mary 1966, *Purity and Danger: An Analysis of the Concepts of Pollution and Taboo*, London: Routledge.

——— [1970] 1996, *Natural Symbols: Explorations in Cosmology*, London: Routledge.

Duby, Georges 1994, *Love and Marriage in the Middle Ages*, J. Dunnett trans., Cambridge: Polity Press.

Durkheim, Emile [1897] 1951, *Suicide: A Study in Sociology*, J. A. Spaulding and G. Simpson trans., G. Simpson ed., London: Routledge.

——— [1924] 1965, *Sociology and Philosophy*, D. F. Pocock trans., London: Cohen and

West.
——— [1925] 1965, *Moral Education: A Study in the Theory and Application of the Sociology of Education*, E. K. Wilson and H. Schnurer trans., New York: The Free Press.
——— [1924] 1967, *Sociologie et Philosophie*, Paris: Presses Universitaires de France.
——— [1898] 1973, "Individualism and the Intellectuals," M. Traugott trans., R. Bellah ed., *Emile Durkheim on Morality and Society*, Chicago: The University of Chicago Press, pp. 43-57.
——— [1914] 1973, "The Dualism of Human Nature and its Sacred Conditions," M. Traugott trans., R. Bellah ed., *Emile Durkheim on Morality and Society*, Chicago: The University of Chicago Press, pp. 149-163.
——— [1915] 1976, *The Elementary Forms of the Religious Life*, J. W. Swain trans., London: George Allen & Unwin LTD.
——— 1978a, *Emile Durkheim on Institutional Analysis*, M. Traugott ed. and trans., Chicago: University of Chicago Press.
——— 1978b, "Review of Marianne Weber: *Ehefrau und Mutter in der Rechtsentwickelung*," M. Traugott ed. and trans., *Emile Durkheim On Institutional Analysis*, Chicago: University of Chicago Press, pp. 139-149.
——— 1978c, "The Conjugal Family," M. Traugott ed. and trans., *Emile Durkheim On Institutional Analysis*, Chicago: University of Chicago Press, pp. 229-239.
——— [1888] 1978, "Introduction to the Sociology of the Family," M. Traugott ed. and trans., *Emile Durkheim On Institutional Analysis*, Chicago: University of Chicago Press, pp. 205-229.
——— 1980, *Emile Durkheim: Contributions to L'Année Sociologique*, Y. Nandan ed., J. French, A. P. Lyons, Y. Nandan, J. Sweeney and K. Woody trans., New York: The Free Press.
デュルケム、エミール　[1924] 1985、『社会学と哲学』佐々木交賢訳、恒星社厚生閣。
Durkheim, Emile & Marcel Mauss [1903] 1963, *Primitive Classification*, R. Needham trans., London: Cohen & West.
Eisenstadt, S. N. 1992, "The Order-maintaining and Order-transforming Dimensions of Culture," R. Munch and N. J. Smelser eds., *Theory of Culture*, Berkeley: University of California Press, pp. 64-87.
——— 2002, "Mirror-Image Modernities: Contrasting Religious Premises of Japanese and U. S. Modernity," R. Madsen, W. M. Sullivan, A. Swidler and S. M. Tipton eds., *Meaning and Modernity: Religion, Polity, and Self*, Berkeley: University of California Press, pp. 56-77.

Elias, Norbert 1983, *The Court Society*, E. Jephcott trans., Oxford: Basil Blackwell.

——— 1998, "The Civilizing of Parents," Elias, Norbert. *The Norbert Elias Reader*, J. Goudsblom and S. Mennel eds., Oxford: Blackwell, pp. 189-211.

Elshtain, Jean Bethke 1981, *Public Man, Private Woman: Women in Social and Political Thought*, Princeton: Princeton University Press.

Farrel, Betty G. 1999, *Family: The Making of an Idea, an Institution, and a Controversy in American Culture*, Boulder: Westview Press.

Firestone, Shulamith 1970, *The Dilaectic of Sex: The Case for Feminist Revolution*, London: Jonathan Cape.

Flandrin, Jean-Louis 1979, *Families in Former Times: Kinship, Household and Sexuality*, R. Southern trans., Cambridge: Cambridge University Press.

Foucault, Michel 1980, *The History of Sexuality: Volume I : An Introduction*, R. Hurley trans., New York: Vintage Books.

Fromm, Erich [1934] 1997, "The Theory of Mother Right and Its Relevance for Social Psychology," Fromm, Erich. *Love, Sexuality and Matriarchy: About Gender*, R. Funk ed., New York: Fromm International Publishing Corporation, pp. 19-45.

——— [1939] 1997, "Selfishness and Self-Love," Fromm, Erich. *Love, Sexuality and Matriarchy: About Gender*, R. Funk ed., New York: Fromm International Publishing Corporation, pp. 163-195.

深谷昌志　1966、『良妻賢母主義の教育』黎明書房版。

——— 1974、「女子中等教育の変遷」国立教育研究所編『日本近代教育百年史 5』教育研究振興会。

福澤諭吉　[1886] 1959、「男女交際論」『福澤諭吉全集第五巻』岩波書店。

Geertz, Clifford 1973a, "Thick Description: Toward an Interpretive Theory of Culture," Geertz, Clifford. *The Interpretation of Cultures*, New York: Basic Books, pp. 3-30.

——— 1973b, "Religion as a Cultural System," Geertz, Clifford. *The Interpretation of Cultures*, New York: Basic Books, pp. 86-125.

——— 1973c, "Ethos, World View, and the Analysis of Sacred Symbols," Geertz, Clifford. *The Interpretation of Cultures*, New York: Basic Books, pp.126-141.

——— 1973d, "Ritual and Social Change: A Javanese Example," Geertz, Clifford. *The Interpretation of Cultures*, New York: Basic Books, pp. 142-169.

——— 1973e, "Ideology as a Cultural System," Geertz, Clifford. *The Interpretation of Cultures*, New York: Basic Books, pp. 193-233.

Gerstein, Dean R. 1983, "Durkheim's Paradigm: Reconstructing a Social Theory," in R. Collins ed., *Sociological Theory*, San Francisco: Jossey-Bass Inc, pp. 234-258.

Giddens, Anthony 1987, *Social Theory and Modern Sociology*, Stanford: Stanford University Press.

——— 1990, *The Consequences of Modernity*, Stanford: Stanford University Press.

——— 1991, *Modernity and Self-Identity: Self and Society in the Late Modern Age*, Cambridge: Polity Press.

——— 1992, The *Transformation of Intimacy: Sexuality, Love & Eroticism in Modern Societies*, Stanford: Stanford University Press.

ギデンズ、アンソニー　1995、『親密性の変容：近代社会におけるセクシュアリティ、愛情、エロティシズム』松尾精文・松川昭子訳、而立書房。

Gilligan, Carol 1982, *In a Different Voice: Psychological Theory and Women's Development*, Cambridge (MA): Harvard University Press.

Gillis, John R. 1988, "From Ritual to Romance: Toward an Alternative History of Love," C. Z. Stearns and P. N. Stearns eds., *Emotion and Social Change: Toward a New Psychohistory*, New York: Holmes & Meier, pp. 87-122.

——— 1996, *A World of Their Own Making: Myth, Ritual, and the Quest for Family Values*, Cambridge (MA): Harvard University Press.

Goffman, Erving 1967, *Interaction Ritual: Essays on Face-to-Face Behavior*, New York: Pantheon Books.

Goode, William J. [1959] 1974, "The Theoretical Importance of Love," R. L. Coser ed., *The Family: its Structures and Functions*, 2nd Edition, London: Macmillan, pp. 143-156.

Gordon, Andrew 1998, "The Invention of Japanese-Style Labor Management," S. Vlastos ed., *Mirror of Modernity: Invented Traditions of Modern Japan*, Berkeley: University of California Press, pp. 19-36.

Greven, Philip 1977, *The Protestant Temperament: Patterns of Child Rearing, Religious Experience, and the Self in Early America*, Chicago: University of Chicago Press.

Griswold, Robert L. 1982, *Family and Divorce in California, 1850-1890: Victorian Illusions and Everyday Realities*, Albany: State University of New York Press.

Gross, Neil 2005, "The Detraditionalization of Intimacy Reconsidered," *Sociological Theory*, Vol. 23, No. 3, pp. 286-311.

Halton, Eugene 1992, "The Cultic Roots of Culture," R. Munch and N. J. Smelser eds., *Theory of Culture*, Berkeley: University of California Press, pp. 29-63.

Hamabata, Matthews 1990, *Crested Kimono: Power and Role in the Japanese Business Family*, Ithica: Cornell University Press.

——— 1994, "The Battle to Belong: Self-sacrifice and Self-fulfillment in the Japanese Family Enterprise," J. Bachnik and C. Quinn Jr. eds., *Situated Meanings: Inside and*

Outside in Japanese Self, Society, and Language, Princeton: Princeton University Press, pp. 192-208.

Hammond, Michael 1983, "The Sociology of Emotions and the History of Social Differentiation," R. Collins ed., *Sociological Theory*, San Francisco: Jossey-Bass Inc., pp. 90-119.

Hansen, Donald 1993, "The Child in Family and School: Agency and the Workings of Time," P. A. Cowan, D. Field, D. A. Hansen, A. Skolnick and G. E. Swanson eds., *Family, Self, and Society: Toward a New Agenda for Family Research*, Hillsdale: Lawrence Erlbaum Associates, pp. 69-102.

Harootunian, Harry D. 1974a, "Introduction: A Sense of an Ending and the Problem of Taisho" in Bernard Silberman and H. D. Harootunian eds., *Japan in Crisis: Essays on Taisho Democracy*, Princeton: Princeton University Press, pp. 3-28.

——— 1974b, "Between Politics and Culture: Authority and the Ambiguities of Intellectual Choice in Imperial Japan," B. Silberman and H. D. Harootunian eds., *Japan in Crisis: Essays on Taisho Democracy*, Princeton: Princeton University Press, pp. 110-155.

——— 1989, "Visible Discourses/Invisible Ideologies," M. Miyoshi and H. D. Harootunian eds., *Postmodernism and Japan*, Durham: Duke University Press, pp. 63-92.

橋川文三　1985、「葉隠とわだつみ」『橋川文三著作集１』筑摩書房。

橋爪大三郎　1995、『性愛論』岩波書店。

Heer, Friedrich 1962, *The Medieval World: Europe 1100-1350*, J. Sondheimer trans., London: Weidenfeld and Nicolson.

Hendrick, Clyde & Susan S. Hendrick 1992, *Romantic Love*, Newbury Park: Sage Publications.

Hendry, Joy 1995, *Understanding Japanese Society*, London: Routledge.

Hillman, James 1996, *The Soul's Code: In Search of Character and Calling*, New York: Random House.

姫岡勤　1966、「婚姻の概念と類型」大橋薫・増田光吉編『家族社会学』川島書店。

広田照幸　1991、「学校文化と生徒の意識」天野郁夫編『学歴主義の社会史』有信堂光文社、136-152 頁。

——— 2002、「一九二〇年代のローカル新聞にみる風紀・『不良』問題」竹内洋・稲垣恭子編『不良・ヒーロー・左傾：教育と逸脱の社会学』人文書院、135-157 頁。

Hochschild, Arlie Russel 1983, *The Managed Heart: Commercialization of Human Feeling*,

Berkeley: University of California Press.
細辻恵子　2006、「子どものイメージと教育」稲垣恭子編『子ども・学校・社会：教育と文化の社会学』世界思想社、22-40 頁。
堀場清子編　1991、『「青鞜」女性解放論集』岩波文庫。
Hsu, Francis L. K. 1985, "The Self in Cross-cultural Perspective," G. DeVos, F. L. K. Hsu and A. J. Marsella eds., *Culture and Self: Asian and Western Perspectives*, London: Tavistock Publications, pp. 24-55.
Hunt, Lynn 1988, "The Sacred and the French Revolution," J. C. Alexander ed., *Durkheimian Sociology: Cultural Studies*, Cambridge: Cambridge University Press, pp. 25-43.
伊田広行　1995、『性差と資本制：シングル単位社会の提唱』啓文社。
Illouz, Eva 1997, *Consuming the Romantic Utopia: Love and the Cultural Contradictions of Capitalism*, Berkeley: University of California Press.
——— [1991] 2001, "Reason within Passion: Love in Women's Magazines," S. O. Weisser ed., *Women and Romance: A Reader*, New York: New York University Press, pp. 384-402.
今井泰子　1992、「〈主婦〉の誕生：主婦概念の変遷　日本の場合」『女性学』第 1 巻、創刊号、49-65 頁。
稲垣恭子　2000、「明治の『堕落』女学生」柴野昌山編『文化伝達の社会学』世界思想社、264-283 頁。
——— 2002a、「不良・良妻賢母・女学生文化」竹内洋・稲垣恭子編『不良・ヒーロー・左傾：教育と逸脱の社会学』人文書院、110-131 頁。
——— 2002b、「若者文化における秩序と反秩序：盆踊りの禁止と復興をめぐって」竹内洋・稲垣恭子編『不良・ヒーロー・左傾：教育と逸脱の社会学』人文書院、159-177 頁。
井上章一　1991、『美人論』リブロポート。
井上俊　[1966] 1973、「『恋愛結婚』の誕生：知識社会学的考察」井上俊『死にがいの喪失』筑摩書房、172-198 頁。
——— [1969] 1973、「愛と性と秩序」井上俊『死にがいの喪失』筑摩書房、153-171 頁。
——— 1973、『死にがいの喪失』筑摩書房。
——— 1977、『遊びの社会学』世界思想社。
井上俊・上野千鶴子・大澤真幸・見田宗介・吉見俊哉編　1996a、『〈家族〉の社会学』岩波講座現代社会学 19、岩波書店。
——— 1996b、『セクシュアリティの社会学』岩波講座現代社会学 10、岩波書店。
井上輝子　[1980] 1998、「恋愛観と結婚観の系譜」総合女性史研究会編『日本女性史

論集４　婚姻と女性』吉川弘文館、221-238 頁。
伊藤整　1973、「近代日本における『愛』の虚偽」『伊藤整全集』18、新潮社。
伊東壮　1965、「不況と好況のあいだ」南博編『大正文化』勁草書房、172-195 頁。
岩井八郎　1997、「ジェンダーとライフコース：1950 年代アメリカ家族の特殊性を中心に」京都大学教育学部『教育・社会・文化』第４号、1-16 頁。
岩井八郎・真鍋倫子　2000、「M 字型就業パターンの定着とその意味：女性のライフコースの日米比較を中心に」盛山和夫編『日本の階層システム４：ジェンダー・市場・家族』東京大学出版会、67-91 頁。
Iwao, Sumiko 1993, *The Japanese Woman: Traditional Image and Changing Reality*, New York: The Free Press.
Jackson, Stevi [1993] 2001, "Love and Romance as Objects of Feminist Knowledge," S. O. Weisser ed., *Women and Romance: A Reader*, New York: New York University Press, pp. 254-264.
上子武次　1991、「配偶者選択に関するこれまでの研究」上子武次他『結婚相手の選択：社会学的研究』行路社、7-47 頁。
神島二郎　1969、『日本人の結婚観』筑摩書房。
金井淑子編　1988、『家族』新曜社。
Kane, Anne 1990, "Cultural Analysis in Historical Sociology: The Analytic and Concrete Forms of the Autonomy of Culture," *Sociological Theory*, Vol. 9, No. 1 (Spring), pp. 53-69.
——— 1996, "The Centrality of Culture in Social Theory: Fundamental Clues from Weber and Durkheim," S. P. Turner ed., *Social Theory and Sociology: The Classics and Beyond*, Cambridge (Ma): Blackwell Publishers, pp. 161-180.
——— 2001, "Finding Emotion in Social Movement Processes: Irish Land Movement Metaphors and Narratives," J. Goodwin, J. M. Jasper and F. Polletta eds., *Passionate Politics: Emotions and Social Movements*, Chicago: University of Chicago Press, pp. 251-266.
菅野聡美　2001、『消費される恋愛論：大正知識人と性』青弓社。
鹿野政直　1983、『戦前・「家」の思想』創文社。
加納実紀代　1995、「『母性』の誕生と天皇制」井上輝子・上野千鶴子・江原由美子編『日本フェミニズム５　母性』岩波書店、56-61 頁。
加藤周一・池田満寿夫　1980、『エロスの美学』朝日出版社。
川島武宜　1954、『結婚』岩波書店。
——— 1957、『イデオロギーとしての家族制度』岩波書店。
川村邦光　1993、『オトメの祈り：近代女性イメージの誕生』紀伊國屋書店。

——— 1994、『オトメの身体：女の近代とセクシュアリティ』紀伊國屋書店。
——— 1996、「‘処女’の近代」井上・上野・大澤・見田・吉見編『セクシュアリティの社会学』岩波講座現代社会学 10、岩波書店、131-147 頁。
Kemnitzer, David S. 1977, "Sexuality as a Social Form: Performance and Anxiety in America," J. L. Dolgin, D. S. Kemnitzer and D. M. Schneider eds., *Symbolic Anthropology: A Reader in the Study of Symbols and Meanings*, New York: Columbia University Press, pp. 292-309.
Kern, Stephen 1992, *The Culture of Love: Victorians to Moderns*, Cambridge (MA): Harvard University Press.
Kerr, Alex 2001, *Dogs and Demons: Tales from the Dark Side of Japan*, New York: Hill and Wang.
菊幸一　1999「理論的アプローチ：機能主義／マルクス主義／カルチュラル・スタディーズ（CS）／歴史主義」井上俊・亀山佳明編『スポーツ文化を学ぶ人のために』世界思想社、300-320 頁。
Kile, Crystal [1992] 2001, "Endless Love Will Keep Us Together: The Myth of Romantic Love and Contemporary Popular Movie Love Themes," S. O. Weisser ed., *Women and Romance: A Reader*, New York: New York University Press, pp. 414-427.
木本喜美子　1995、『家族・ジェンダー・企業社会』ミネルヴァ書房。
木村汎　1988、「離婚と夫婦関係」正岡寛司・望月嵩編『現代家族論』有斐閣。
木村涼子　1988、「婦人雑誌にみる新しい女性像の登場とその変容：大正デモクラシーから敗戦まで」『教育学研究』第 56 巻、第 4 号、331-341 頁。
——— 1992、「婦人雑誌の情報空間と女性大衆読者層の成立」『思想』第 812 号。
小林登美枝・米田佐代子編　1987、『平塚らいてう評論集』岩波文庫。
Kohl, Stephen W. 1990, "Abe Jiro and The Diary of Santaro," J. T. Rimer ed., *Culture and Identity: Japanese Intellectuals During the Interwar Years*, Princeton: Princeton University Press, pp. 7-21.
小山静子　1991、『良妻賢母という規範』勁草書房。
——— 1999、『家庭の生成と女性の国民化』勁草書房。
小谷野敦　1997、『男であることの困難：恋愛・日本・ジェンダー』新曜社。
——— 1999、「ロマンティック・ラブとは何か」青木保・川本三郎・筒井清忠・御厨貴・山本哲雄編『愛と苦難』岩波書店、65-80 頁。
熊原理恵　1996、「近代家族と家父長制」井上俊・上野千鶴子・大澤真幸・見田宗介・吉見俊哉編『〈家族〉の社会学』岩波講座現代社会学 19、岩波書店、137-157 頁。
倉島哲　2000、「ハビトゥス概念の批判的検討：『プラチック理論の概要』のテキスト

から」『ソシオロジ』第139号、3-19頁。
厨川白村　[1922] 1947、『近代の恋愛観』苦楽社。
Lantz, Herman R. 1982, "Romantic Love in the Pre-Modern Period: A Sociological Commentary," *Journal of Social History*, Vol. 15 (Spring), pp. 349-370.
LaRossa, Ralph 1997, *The Modernization of Fatherhood: A Social and Political History*, Chicago: The University of Chicago Press.
Lasch, Christopher 1977, *Haven in a Heartless World: The Family Besieged*, New York: W. W. Norton & Company.
Leach, William 1980, *True Love and Perfect Union: The Feminist Reform of Sex and Society*, New York: Basic Books.
Lears, Jackson T. J. 1981, *No Place of Grace: Antimodernism and the Transformation of American Culture 1880-1920*, New York: Pantheon Books.
Leites, Edmund 1982, "The Duty to Desire: Love, Friendship, and Sexuality in Some Puritan Theories of Marriage," *Journal of Social History*, Vol. 15 (Spring), pp. 383-408.
Levi, Robert I. 1984. "Emotion, Knowing and Culture," R. A. Shweder and R. A. Levine eds., *Essays on Mind, Self and Emotion*, Cambridge: Cambridge University Press, pp. 214-237.
Levine, Robert A. 1984, "Properties of Culture: An Ethnographic View," R. A. Shweder and R. A. Levine eds., *Essays on Mind, Self and Emotion*, Cambridge: Cambridge University Press, pp. 67-87.
Lewis, Jan 1983, *The Pursuit of Happiness: Family and Values in Jefferson's Virginia*, Cambridge: Cambridge University Press.
Luhmann, Niklas [1982] 1986, *Love as Passion: The Codification of Intimacy*, J. Gaines and D. L. Jones trans., Stanford: Stanford University Press.
——— 1986, "The Individuality of the Individual: Historical Meanings and Contemporary Problems," in T. C. Heller, M. Sosna and D. E. Wellberry eds., *Reconstructing Individualism: Autonomy, Individuality*, Stanford: Stanford University Press.
——— 1987, "The Evolutionary Differentiation between Society and Interaction," J. C. Alexander, B. Giesen, R. Munch and N. J. Smelser eds., *The Micro-Macro Link*, Berkeley: University of California Press.
Lukes, Steven [1973] 1985, *Emile Durkheim: His Life and Work: A Historical and Critical Study*, Stanford: Stanford University Press.
Lyons, John O. 1978, *The Invention of the Self: The Hinge of Consciousness in the Eighteenth Century*, Carbondale: Southern Illinois University Press.
Lystra, Karen 1989, *Searching the Heart: Women, Men, and Romantic Love in Nineteenth-*

Century America, New York: Oxford University Press.
Madsen, Richard 2002, "Comparative Cosmopolis: Discovering Different Paths to Moral Integration in the Modern Ecumene," R. Madsen, W. M. Sullivan, A. Swidler and S. M. Tipton eds., *Meaning and Modernity: Religion, Polity, and Self*, Berkeley: University of California Press, pp. 105-123.
前田愛　1989、『近代読者の成立』前田愛著作集第二巻、筑摩書房。
Mathews, Gordon 1996, *What Makes Life Worth Living?: How Japanese and Americans Make Sense of Their Worlds*, Berkeley: University of California Press.
May, Elaine Tyler 1980, *Great Expectations: Marriage and Divorce in Post-Victorian America*, Chicago: University of Chicago Press.
McLoughlin, William G. 1978, *Revivals, Awakenings, and Reform: An Essay on Religion and Social Change in America, 1607-1977*, Chicago: The University of Chicago Press.
Mead, Margaret 1928, *Coming of Age in Samoa*, London: Penguin Books.
目黒依子　1999、「総論　日本の家族の『近代性』：変化の収斂と多様化の行方」目黒依子・渡辺秀樹編『講座社会学 2　家族』東京大学出版会、1-19 頁。
目黒依子・柴田弘捷　1999、「企業主義と家族」目黒依子・渡辺秀樹編『講座社会学 2　家族』東京大学出版会、59-87 頁。
Mestrovic, Stjepan G. 1998, *Anthony Giddens: The Last Modernist*, London: Routledge.
Mill, John Stuart 1881, *A System of Logic, Ratiocinative and Inductive: Being a Connected View of the Principles of Evidence and the Methods of Scientific Investigation*, Eighth edition, New York: Harper & Brothers.
Mintz, Steven 1983, *A Prison of Expectations: The Family in Victorian Culture*, New York: New York University Press.
Mintz, Steven & Susan Kellogg 1988, *Domestic Revolutions: A Social History of American Family Life*, New York: The Free Press.
三島由紀夫　1967、『葉隠入門』新潮文庫。
見田宗介・見田暎子編　1966、『恋愛・結婚・家庭論 14』徳間書店。
宮台真司　1994、『制服処女たちの選択』講談社。
宮森一彦　2003、「『家庭の和楽』と『家庭の親愛』：近代日本における排他的親密性の形成をめぐって」『社会学評論』第 54 巻、第 1 号、2-15 頁。
宮坂靖子　1999、「恋愛は近代の産物」『恋愛学がわかる。』AERA Mook 朝日新聞社、30-33 頁。
水村美苗・柄谷行人　1987、「対話　恋愛・宗教・哲学の起原」『現代思想』第 15 巻、第 1 号、114-128 頁。
水田宗子　1996、「性的他者とは誰か」井上俊・上野千鶴子・大澤真幸・見田宗介・

吉見俊哉編『セクシュアリティの社会学』岩波講座現代社会学 10、岩波書店、25-60 頁。
Miyoshi, Masao & H. D. Harootonian eds. 1989, *Postmodernism and Japan*, Durham: Duke University Press.
望月嵩　1978、「家族と配遇者選択」森岡清美・山根常夫編『家と現代家族』培風館、24-48 頁。
――― 1988、「配偶者選択と結婚」正岡寛司・望月嵩編『現代家族論』有斐閣、102-123 頁。
Molony, Barbara 1993, "Equality Versus Difference: The Japanese Debate over 'Motherhood Protection': 1915-1950," J. Hunter ed., *Japanese Women Working*, London: Routledge, pp. 122-148.
森真一　2002、「自尊心のレトリック：回復本からみた『聖なる自己』の守り方」『ソシオロジ』第 47 巻、第２号、3-19 頁。
森岡清美　1993、『現代家族変動論』ミネルヴァ書房。
Morris, Colin 1972, *The Discovery of the Individual: 1050-1200*, New York: Harper and Row.
Morton, Leith 1999、「総合雑誌『太陽』と『女學雑誌』に見られる恋愛観念」『日本研究』第 19 号、293-333 頁。
Mosse, George L. 1985, *Nationalism and Sexuality: Middle-Class Morality and Sexual Norms in Modern Europe*, Madison: University of Wisconsin Press.
Mouer, Ross & Yoshio Sugimoto 1986, *Images of Japanese Society: A Study in the Structure of Social Reality*, London: Routledge and Kegan Paul.
Muller, Hans-Peter 1988, "Social Structure and Civil Religion: Legitimation Crisis in Later Durkheimian Perspective," J. C. Alexander ed., *Durkheimian Sociology: Cultural Studies*, Cambridge: Cambridge University Press, pp. 129-158.
Munch, Richard & Neil J. Smelser eds. 1992, *Theory of Culture*, Berkeley: University of California Press.
室井こさ子　1929、『母性愛日記』萬里閣書房。
村上泰亮・公文俊平・佐藤誠三郎　1979、『文明としてのイエ社会』中央公論社。
Murstein, Bernard I. 1974, *Love, Sex and Marriage Through the Ages*, New York: Springer Publishing Company.
牟田和恵　1993、「愛・性・結婚」井上俊編『現代文化を学ぶ人のために』世界思想社、303-321 頁。
――― 1996a、『戦略としての家族：近代日本の国民国家形成と女性』新曜社。
――― 1996b、「日本型近代家族の成立と陥穽」井上俊・上野千鶴子・大澤真幸・見田宗介・吉見俊哉編『〈家族〉の社会学』岩波講座現代社会学 19、岩波書

店、55-74 頁。
——— 1996c、「セクシュアリティの編成と近代国家」井上俊・上野千鶴子・大澤真幸・見田宗介・吉見俊哉編『セクシュアリティの社会学』岩波講座現代社会学 10、岩波書店、77-93 頁。
——— 1997、「好色と romantic love、そして『援助交際』」『江戸の思想』第 6 号、139-147 頁。
牟田和恵・愼芝苑　1998 、「近代のセクシュアリティの創造と『新しい女』：比較分析の試み」『思想』第 886 号、89-115 頁。
Najita, Tetsuo 1989, "On Culture and Technology in Postmodern Japan," M. Miyoshi and H. D. Harootonian eds., *Postmodernism and Japan*, Durham: Duke University Press, pp. 1-20.
Nakagawa, Kiyoshi 2000, "Ambitions, 'Family-centredness' and Expenditure Patterns in a Changing Urban Class Structure: Tokyo in the Early Twentieth Century," *Continuity and Change*, Vol. 15, No. 1, pp. 77-98.
中村隆文　2002、「『男女交際』という言説」竹内洋・稲垣恭子編『不良・ヒーロー・左傾：教育と逸脱の社会学』人文書院、179-205 頁。
——— 2006、『男女交際進化論「情交」か「肉交」か』集英社新書。
中根千枝　1967、『タテ社会の人間関係』講談社。
中尾香　2003、「甘える男性像：戦後『婦人公論』にあらわれた男性像」『社会学評論』第 54 巻、第 1 号、64-81 頁。
Nisbet, Robert A. 1966, *The Sociological Tradition*, New York: Basic Books.
西川祐子　1990、「住まいの変遷と『家庭』の成立」女性史総合研究会編『日本女性生活史：第 4 巻　近代』東京大学出版会、1-49 頁。
——— 1996、「近代国家と家族」井上俊・上野千鶴子・大澤真幸・見田宗介・吉見俊哉編『〈家族〉の社会学』岩波講座現代社会学 19、岩波書店、75-99 頁。
——— 2000、『近代国家と家族のモデル』吉川弘文館。
Norton, Mary Beth 1980, *Liberty's Daughters: The Revolutionary Experience of American Women*, 1750-1800, Ithica: Cornell University Press.
Notter, David　2000a、「男女交際・コートシップ：『純潔』の日米比較社会史」『京都大学大学院教育学研究科紀要』第 46 号、235-247 頁。
——— 2000b、「ロマン主義的性愛コード：恋愛結婚の比較歴史社会学」『教育・社会・文化研究紀要』第 7 号、73-95 頁。
——— 2001、「恋愛至上主義のアクセプタビリティへの一考察：大正期における恋愛結婚言説とその変容」『ソシオロジ』第 140 号、53-68 頁。
——— 2002, "Towards a Cultural Analysis of the Modern Family: Beyond the Revisionist

Paradigm in Japanese Family Studies," *International Journal of Japanese Sociology*, Vol. 11, pp. 88-101.

――― 2004、「純潔の構造：聖と俗としての恋愛」『ソシオロジ』第 150 号、39-54 頁。

――― 2006、「近代家族と家族感情」稲垣恭子編『子ども・学校・社会：教育と文化の社会学』世界思想社、2-19 頁。

――― 2007、「『恋愛結婚』再考：文化としての『ロマンティック・ラブ・イデオロギー』」『教育・社会・文化研究紀要』第 11 号、15-33 頁。

Notter, David & 竹内洋　2001、「スポーツ・エリート・ハビトゥス」杉本厚夫編『体育教育を学ぶ人のために』世界思想社。

大淵　寛　1987、「女子労働と経済社会」雇用職業総合研究所編『女子労働の新時代：キャッチ・アップを越えて』東京大学出版会、133-190 頁。

Ochiai, Emiko [1994] 1996, *The Japanese Family System in Transition: A Sociological Analysis of Family Change in Postwar Japan*, LTCB International Library Foundation.

落合恵美子　1989、『近代家族とフェミニズム』勁草書房。

――― 1996、「近代家族をめぐる言説」井上俊・上野千鶴子・大澤真幸・見田宗介・吉見俊哉編『〈家族〉の社会学』岩波講座現代社会学 19、岩波書店、23-53 頁。

――― 2000、『近代家族の曲り角』角川書店。

小倉敏彦　1999a、「赤面する青年たち」『恋愛学がわかる。』AERA Mook 朝日新聞社、104-112 頁。

――― 1999b、「〈恋愛の発見〉の諸相：北村透谷と日本近代」『ソシオロゴス』23 号、21-37 頁。

大日向雅美　[1988] 1995、「母性概念をめぐる現状とその問題点」井上輝子・上野千鶴子・江原由美子編『日本フェミニズム 5　母性』岩波書店、29-55 頁。

小此木啓吾　1982、『日本人の阿闍世コンプレックス』中央公論社。

奥井亜紗子　2004、「戦間期農村における『近代家族』観の受容：『家の光』にみる青年層の恋愛・結婚観を通して」『ソシオロジ』151 号、59-75 頁。

大澤真理　1993、『企業中心社会を超えて：現代日本を〈ジェンダー〉で読む』時事通信社。

大澤真幸　1996、『性愛と資本主義』青土社。

大塚明子　1994、「『主婦の友』に見る『日本型近代家族』の変動［1］：夫婦関係を中心に」『ソシオロゴス』第 18 号、243-258 頁。

――― 2003、「戦前期の『主婦の友』にみる『愛』と〈国家社会〉：日本型近代家族における『恋愛』『愛』の固有性とその変容」『人間科学研究』第 25 号、33-41 頁。

Otto, Rudolf [1917] 1959, *The Idea of the Holy*, J. W. Harvey trans., Middlesex: Penguin Books.

Parella, Nicals James 1969, *The Kiss Sacred and Profane: An Interpretive History of Kiss Symbolism and Related Religio-Erotic Themes*, Berkeley: University of California Press.

Parsons, Talcott & Robert F. Bales 1955, *Family, Socialization and Interaction Process*, Glencoe: The Free Press.

Peckham, Morse 1970, *The Triumph of Romanticism*, Columbia: University of South Carolina Press.

Pimentel, Ellen E. 2000, "Just How Do I Love Thee?: Marital Relations in Urban China," *Journal of Marriage and the Family*, Vol. 62, pp. 32-47.

Plath, David W. 1980, *Long Engagements: Maturity in Modern Japan*, Stanford: Stanford University Press.

Popenoe, David 1996, *Life Without Father*, Cambridge (MA): Harvard University Press.

Radding, Charles M. 1978, "Evolution of Medieval Mentalities: a Cognitive-Structural Approach," *The American Historical Review*, Vol. 83, No. 3, pp. 577-597.

Radway, Janice A. [1983] 2001, "Women Read the Romance: The Interaction of Text and Context," S. O. Weisser ed., *Women and Romance: A Reader*, New York: New York University Press, pp. 323-341.

Ragin, Charles C. 2000, "The Place of Case Study Research," *Comparative and Historical Sociology* (Newsletter), Vol. 13, No. 1, pp. 1-2.

Rimer, Thomas J. 1990, "Kurata Hyakuzo and *The Origins of Love and Understanding*," J. T. Rimer ed., *Culture and Identity: Japanese Intellectuals During the Interwar Years*, Princeton: Princeton University Press, pp. 22-36.

Rohlen, Thomas P. 1974, *For Harmony and Strength*, Berkeley: University of California Press.

Rosaldo, Michelle Z. 1984, "Towards an Anthropology of Self and Feeling," R. A. Shweder and R. A. Levine eds., *Essays on Mind, Self and Emotion*, Cambridge: Cambridge University Press, pp. 137-157.

Rose, Sonya O. 1999, "Cultural Analysis and Moral Discourses: Episodes, Continuities, and Transformations," V. E. Bonnell and L. Hunt eds., *Beyond the Cultural Turn: New Directions in the Study of Society and Culture*, Berkeley: University of California Press, pp. 217-238.

Rosenberger, Nancy 1994, "Indexing Hierarchy Through Japanese Gender Relations," J. Bachnik and C. Guinn, Jr. eds., *Situated Meaning: Inside and Outside in Japanese Self, Society, and Language*, Princeton: Princeton University Press, pp. 88-112.

Rothenbuhler, Eric W. 1988, "The Liminal Fight: Mass Strikes as Ritual and Interpretation," J. C. Alexander ed., *Durkheimian Sociology: Cultural Studies*, Cambridge: Cambridge University Press, pp. 66-89.

Rothman, Ellen K. 1982, "Sex and Self-control: Middle-Class Courtship in America, 1770-1870," *Journal of Social History* Vol. 15 (Spring), pp. 409-425.

——— 1984, *Hands and Hearts: A History of Courtship in America*, New York: Basic Books.

de Rougemont, Denis 1983, *Love in the Western World*, M. Belgion trans., Princeton: Princeton University Press.

Rowntree, Stephen C. 1989, "'Johnny Loves Mary Forever': What Therapy Doesn't Know about Love," D. Gelpi ed., *Beyond Individualism: Toward a Retrieval of Moral Discourse in America*, Notre Dame: University of Notre Dame Press, pp. 31-55.

Ryan, Mary P. 1981, *Cradle of the Middle Class: The Family in Oneida County, New York, 1790-1865*, New York: Cambridge University Press.

佐伯順子　1996、「『恋愛』の前近代・近代・脱近代」井上俊・上野千鶴子・大澤真幸・見田宗介・吉見俊哉編『セクシュアリティの社会学』岩波講座現代社会学10、岩波書店、167-184 頁。

——— 1998、『「色」と「愛」の比較文化史』岩波書店。

——— 1999a、「心中の文学史」『恋愛学がわかる。』AERA Mook 朝日新聞社、74-79 頁。

——— 1999b、「心中の近代」青木保・川本三郎・筒井清忠・御厨貴・山本哲雄編『愛と苦難』岩波書店、25-47 頁。

Sakai, Naoki 1989, "Modernity and Its Critique: The Problem of Universalism and Particularism," M. Miyoshi and H. D. Harootunian eds., *Postmodernism and Japan*, Durham: Duke University Press, pp. 93-122.

坂本佳鶴恵　1997、『〈家族〉イメージの誕生：日本映画にみる〈ホームドラマ〉の形成』新曜社。

佐古純一郎　1995、『近代日本思想史における人格観念の成立』朝文社。

桜井陽子・桜井厚　1987、『幻想する家族』弘文堂。

作田啓一　1993、『生成の社会学をめざして：価値観と性格』有斐閣。

Sand, Jordon 1998, "At Home in the Meiji Period: Inventing Japanese Domesticity," in S. Vlastos ed., *Mirror of Modernity: Invented Traditions of Modern Japan*, Berkeley: University of California Press, pp. 191-207.

Sarsby, Jacqueline 1983, *Romantic Love and Society*, New York: Penguin Books.

佐藤健二　1996、「家庭文化の歴史社会学にむけて」井上俊・上野千鶴子・大澤真幸・見田宗介・吉見俊哉編『〈家族〉の社会学』岩波講座現代社会学 19、岩波書店、101-117 頁。

沢山美果子　1979、「近代日本における『母性』の強調とその意味」人間文化研究会編『女性と文化：社会・母性・歴史』白馬出版、164-193 頁。
——— 1990、「子育てにおける男と女」女性史総合研究会編『日本女性生活史：第４巻　近代』東京大学出版会、125-162 頁。
Schneider, David M. [1969] 1977, "Kinship, Nationality and Religion in American Culture: Toward a Definition of Kinship," J. L. Dolgin, D. S. Kemnitzer and D. M. Schneider eds., *Symbolic Anthropology: A Reader in the Study of Symbols and Meanings*, New York: Columbia University Press, pp. 63-71.
——— [1969] 1980, *American Kinship: A Cultural Account*, Chicago: The University of Chicago Press.
Scmid, Michael 1992, "The Concept of Culture and Its Place within a Theory of Social Action: A Critique of Talcott Parsons's Theory of Culture," R. Munch and N. J. Smelser eds., *Theory of Culture*, Berkeley: University of California Press, pp. 88-120.
瀬地山角　1996a、『東アジアの家父長制：ジェンダーの比較社会学』勁草書房。
——— 1996b、「主婦の比較社会学」井上俊・上野千鶴子・大澤真幸・見田宗介・吉見俊哉編『〈家族〉の社会学』岩波講座現代社会学 19、岩波書店、217-235 頁。
瀬川清子　1972、『若者と娘をめぐる民族』未來社。
Seidman, Steven 1991, *Romantic Longings: Love in America, 1830-1980*, New York: Routledge.
Seigel, Jerrold 1999, "Problematizing the Self," V. E. Bonnell and L. Hunt eds., *Beyond the Cultural Turn: New Directions in the Study of Society and Culture*, Berkeley: University of California Press, pp. 281-314.
盛山和夫　2000、「ジェンダーと階層の歴史と論理」盛山和夫編『日本の階層システム４：ジェンダー・市場・家族』東京大学出版会、3-26 頁。
Sewell, William H. Jr. [1992] 1998, "Culture, Structure, Agency and Transformation," P. Smith ed., *The New American Cultural Sociology*, Cambridge: Cambridge University Press, pp. 188-201.
——— 1999, "The Concept(s) of Culture," V. E. Bonnell and L. Hunt eds., *Beyond the Cultural Turn: New Directions in the Study of Society and Culture*, Berkeley: University of California Press, pp. 35-61.
志田基与師・盛山和夫・渡辺秀樹　2000、「結婚市場の変容」盛山和夫編『日本の階層システム４：ジェンダー・市場・家族』東京大学出版会、159-176 頁。
Shils, Edward 1975, *Center and Periphery: Essays in Macrosociology*, Chicago: University of Chicago Press.

Shorter, Edward 1975, *The Making of the Modern Family*, New York: Basic Books.

ショーター、エドワード 1987、『近代家族の形成』田中俊宏・岩橋誠一・見崎恵子・作道潤訳、昭和堂。

Silberman, Bernard & H. D. Harootunian eds. 1974, *Japan in Crisis: Essays on Taisho Democracy*, Princeton: Princeton University Press.

Simmel, Georg 1984, *George Simmel: On Women, Sexuality, and Love*, G. Oakes trans. and ed., New Haven: Yale University Press.

Singer, Irving 1984a, *The Nature of Love, Vol. 1: Plato to Luther*, Chicago: University of Chicago Press.

——— 1984b, *The Nature of Love, Vol. 2: Courtly and Romantic*, Chicago: University of Chicago Press.

——— 1987, *The Nature of Love, Vol. 3: The Modern World*, Chicago: University of Chicago Press.

Sklar, Kathryn Kish 1973, *Catharine Beecher: A Study in American Domesticity*, New Haven: Yale University Press.

Skolnick, Arlene 1991, *Embattled Paradise: The American Family in an Age of Uncertainty*, New York: Basic Books.

——— 1993, "Changes of Heart: Family Dynamics in Historical Perspective," in P. A. Cowan, D. Field, D. A. Hansen, A. Skolnick and G. E. Swanson eds., *Family, Self, and Society: Toward a New Agenda for Family Research*, Hillsdale: Lawrence Erlbaum Associates, pp. 43-68.

Smelser, Neil J. 1992, "Culture: Coherent or Incoherent," R. Munch and N. J. Smelser eds., *Theory of Culture*, Berkeley: University of California Press, pp. 3-28.

——— 2000, "On Theory, Case Study, and Comparative Research," *Comparative and Historical Sociology* (Newsletter), Vol. 13, No. 1, pp. 1-2.

Smith, Daniel Scott 1979, "Family Limitation, Sexual Control, and Domestic Feminism in Victorian America," N. F. Cott and E. H. Pleck eds., *A Heritage of Her Own: Toward a New Social History of American Women*, New York: Simon and Schuster, pp. 222-245.

Smith, Philip ed. 1998, *The New American Cultural Sociology*, Cambridge: Cambridge University Press.

Smith-Rosenberg, Carrol [1971] 1979, "Beauty, the Beast, and the Militant Woman: A Study in Sex Roles and Social Stress in Jacksonian America," N. F. Cott and E. H. Pleck eds., *A Heritage of Her Own: Toward a New Social History of American Women*, New York: Simon and Schuster, pp. 197-221.

——— [1975] 1985, "The Female World of Love and Ritual: Relations Between Women in Nineteenth-Century America," Smith-Rosenberg, Carrol. *Disorderly Conduct: Visions of Gender in Victorian America*, Oxford: Oxford University Press, pp. 53-76.

——— 1978, "Sex and Symbol in Victorian Purity," *American Journal of Sociology*, Vol. 84, pp. 212-247.

——— 1985a, *Disorderly Conduct: Visions of Gender in Victorian America*, Oxford: Oxford University Press.

——— 1985b, "Hearing Women's Words: A Feminist Reconstruction of History," Smith-Rosenberg, Carrol. *Disorderly Conduct: Visions of Gender in Victorian America*, Oxford: Oxford University Press, pp. 11-52.

——— 1985c, "The Cross and the Pedestal: Women, Anti-Ritualism, and the Emergence of the American Bourgeoisie," Smith-Rosenberg, Carrol. *Disorderly Conduct: Visions of Gender in Victorian America*, Oxford: Oxford University Press, pp. 128-164.

——— 1985d, "The New Woman as Androgyne: Social Disorder and Gender Crisis, 1870-1936," Smith-Rosenberg, Carrol. *Disorderly Conduct: Visions of Gender in Victorian America*, Oxford: Oxford University Press, pp. 245-296.

Snitow, Ann [1979] 2001, "Mass Market Romance: Pornography for Women is Different," S. O. Weisser ed., *Women and Romance: A Reader*, New York: New York University Press, pp. 307-322.

Solomon, Robert C. 1984, "Getting Angry: The Jamesian Theory of Emotion in Anthropology," R. A. Shweder and R. A. Levine eds., *Essays on Mind, Self, and Emotion*, Cambridge: Cambridge University Press, pp. 238-254.

Sommers, Shula 1988, "Understanding Emotions: Some Interdisciplinary Considerations," C. Z. Stearns and P. N. Stearns eds., *Emotion and Social Change: Toward a New Psychohistory*, New York: Holmes & Meier, pp. 23-38.

Stearns, Carol Z. & Peter N. Stearns 1988, "Introduction" C. Z. Stearns and P. N. Stearns eds., *Emotion and Social Change: Toward a New Psychohistory*, New York: Holmes & Meier, pp. 1-22.

Stearns, Peter N. & Carol Z. Stearns 1985, "Emotionology: Clarifying the History of Emotions and Emotional Standards," *The American Historical Review*, Vol. 90, No. 4, pp. 813-836.

Stiles, Henrey Reed [1871] 1974, *Bundling: Its Origin, Progress and Decline in America*, New York: AMS Press.

Stone, Lawrence 1977, *The Family, Sex and Marriage in England 1500-1800*, London: Weidenfeld and Nicolson.

ストーン、L. 1991、『家族・性・結婚の社会史』（短縮版）北本正章訳、勁草書房。
Swidler, Ann [1986] 1998, "Culture and Social Action," P. Smith ed., *The New American Cultural Sociology*, Cambridge: Cambridge University Press, pp. 171-187.
——— 2001, *Talk of Love: How Culture Matters*, Chicago: University of Chicago Press.
竹田青嗣 1993、『恋愛論』作品社。
竹内洋 1988、『選抜社会：試験・昇進をめぐる〈加熱〉と〈冷却〉』リクルート出版。
——— 1996、「サラリーマンという表徴」井上俊・上野千鶴子・大澤真幸・見田宗介・吉見俊哉編『日本文化の社会学』岩波講座現代社会学 23、岩波書店、125-142 頁。
——— 1997、「サラリーマン型人間像の誕生と終焉」中牧弘允・日置弘一郎編『経営人類学ことはじめ：会社とサラリーマン』東方出版、223-235 頁。
田間泰子 2001、『母性愛という制度：子殺しと中絶のポリティクス』勁草書房。
玉城肇 1968、「明治以後における離婚問題」中川善助・青山道夫・玉城肇・福島正夫・兼子一・川島武宜編『離婚：家族問題と家族法 III』酒井書店、172-219 頁。
田中重人 2000、「性別分業を維持してきたもの：郊外型ライフスタイル仮説の検討」盛山和夫編『日本の階層システム 4：ジェンダー・市場・家族』東京大学出版会、93-110 頁。
谷本奈穂 1998、「現代的恋愛の諸相：雑誌の言説における社会的物語」『社会学評論』第 49 巻、第 2 号、286-301 頁。
——— 1999、「『終末なき遊び』の快楽」『恋愛学がわかる。』AERA Mook 朝日新聞社、122-126 頁。
Taylor, Charles 1989, *Sources of the Self: The Making of the Modern Identity*, Cambridge (MA): Harvard University Press.
Thompson, John B. 1984, *Studies in the Theory of Ideology*, London: Polity.
Thompson, Kenneth 1990, "Secularization and Sacralization," J. C. Alexander and P. Sztompka eds., *Rethinking Progress: Movements, Forces, and Ideas at the End of the Twentieth Century*, Boston: Unwin Human, pp. 161-181.
富田積子 1987、「新時代を迎えた女子労働」雇用職業総合研究所編『女子労働の新時代：キャッチ・アップを越えて』東京大学出版会、3-25 頁。
Traugott, Mark 1978, "Introduction," M. Traugott ed. and trans., *Emile Durkheim On Institutional Analysis*, Chicago: University of Chicago Press, pp. 1-39.
坪内良博・坪内玲子 1970、『離婚：比較社会学的研究』創文社。
鶴見和子・川田保編 1989、『内発的発展論』東京大学出版会。
筒井清忠 1995、『日本型「教養」の運命：歴史社会学的考察』岩波書店。
Tuchman, Gaye & Nina Fortin 1998, "Victorian Women Writers and the Prestige of the

Novel," P. Smith ed., *The New American Cultural Sociology*, Cambridge: Cambridge University Press, pp. 141-150.

Turner, Bryan S. 1991, *Religion and Social Theory*, Newbury Park: Sage Publications.

Turner, Victor W. 1969, *The Ritual Process: Structure and Anti-Structure*, London: Routledge and Kegan Paul.

Tiryakian, Edward A. 1988, "From Durkheim to Managua: Revolutions as Religious Revivals," J. C. Alexander ed., *Durkheimian Sociology: Cultural Studies*, Cambridge: Cambridge University Press, pp. 44-65.

——— 1992, "Dialectics of Modernity: Reenchantment and Dedifferentiation as Counterprocesses," H. Haferkamp and N. J. Smelser eds., *Social Change and Modernity*, Berkeley: University of California Press, pp.78-94.

上野千鶴子　1986、『女という快楽』勁草書房。

——— 1987、『〈私〉探しゲーム：欲望市民社会論』筑摩書房。

——— 1990、「恋愛テクノロジー」『ニュー・フェミニズム・レビュー』第1巻、160-183頁。

——— 1994、『近代家族の成立と終焉』岩波書店。

——— 1995、「『恋愛結婚』の誕生」『東京大学公開講座60・結婚』東京大学出版会。

——— 1996、「『家族』の世紀」井上俊・上野千鶴子・大澤真幸・見田宗介・吉見俊哉編『〈家族〉の社会学』岩波講座現代社会学19、岩波書店、1-22頁。

——— 1998、『発情装置：エロスのシナリオ』筑摩書房。

——— 1999、「対幻想のあとで」『恋愛学がわかる。』AERA Mook 朝日新聞社、147-154頁。

Uno, Kathleen S. 1999, *Passages to Modernity: Motherhood, Childhood, and Social Reform in Early Twentieth Century Japan*, Honolulu: University of Hawai'i Press.

Upham, Frank K. 1987, *Law and Change in Postwar Japan*, Cambridge (MA): Harvard University Press.

Van den Haag, Ernest 1974, "Love or Marriage" in R. L. Coser ed., *The Family: Its Structures and Functions*, 2nd Edition, London: Macmillan, pp. 134-142.

Van de Vate, Dwight Jr. 1981, *Romantic Love: A Philosophical Inquiry*, University Park: The Pennsylvania State University Press.

Vogel, Ezra 1963, *Japan's New Middle Class*, Berkeley: University of California Press.

——— 1967, "Kinship Structure, Migration to the City, and Modernization," R. P. Dore ed., *Aspects of Social Change in Modern Japan*, Princeton: Princeton University Press.

Wallace, Ruth A. & Shirley F. Hartley 1988, "Religious Elements in Friendship: Durkheimian Theory in an Empirical Context," J. C. Alexander ed., *Durkheimian Sociology:*

Cultural Studies, Cambridge: Cambridge University Press, pp. 93-106.

Wallerstein, Immanuel 1996, "Three Ideologies or One?: The Pseudo-battle of Modernity," S. P. Turner ed., *Social Theory and Sociology: The Classics and Beyond*, Cambridge (Ma): Blackwell Publishers, pp. 53-69.

渡辺秀樹　1999、「戦後日本の親子関係：養育期の親子関係の質の変遷」目黒依子・渡辺秀樹編『講座社会学２　家族』東京大学出版会、89-117 頁。

Weber, Max [1918] 1964, "Science as Vocation," H. H. Gerd and C. W. Mills trans. and eds., *From Max Weber: Essays in Sociology*, New York: Oxford University Press, pp. 129-156.

——— [1930] 2001, *The Protestant Ethic and the Spirit of Capitalism*, T. Parsons trans., London: Routledge.

Weisser, Susan Ostrov ed. 2001, *Women and Romance: A Reader*, New York: New York University Press.

Welter, Barbara 1966, "The Cult of True Womanhood: 1820-1860," *American Quarterly*, Vol. 18, pp. 151-174.

Wilson, Elizabeth 1988, "Bohemian Love," *Theory, Culture & Society*, Vol. 15, No. 3-4, pp. 111-127.

Xiahe, Xu & Martin King Whyte 1990, "Love Matches and Arranged Marriages: A Chinese Replication," *Journal of Marriage and the Family*, Vol. 52, pp. 709-722.

山田昌弘　1994、『近代家族のゆくえ：家族と愛情のパラドックス』新曜社。

——— 1996、『結婚の社会学：未婚化・晩婚化はつづくのか』丸善ライブラリー。

——— 1998、「少子時代の子育て環境：子育ての動機づけの危機」『教育社会学研究』第 63 集、25-38 頁。

——— 1999a、「情熱と親密性の間」『恋愛学がわかる。』AERA Mook 朝日新聞社、155-161 頁。

——— 1999b、「愛情装置としての家族：家族だから愛情が湧くのか、愛情が湧くから家族なのか」目黒依子・渡辺秀樹編『講座社会学２　家族』東京大学出版会、119-151 頁。

——— 2001、『家族というリスク』勁草書房。

——— 2006、『新平等社会：「希望格差」を超えて』文藝春秋。

山田陽子　2002、「心理学的知識の普及と『心』の聖化」『社会学評論』第 53 巻、第 3 号、380-395 頁。

——— 2004、「『心』の聖化と現代人の自己形成：『心の教育』における道徳と『心理学』の交錯」『ソシオロジ』第 149 号、85-101 頁。

山村賢明　1971、『日本人と母：文化としての母の観念についての研究』東洋館選書。

山下高之　1991、『「日本的経営」の展開』法律文化社。
山崎正和　1990、『日本文化と個人主義』中央公論社。
柳父章　1982、『翻訳語成立事情』岩波書店。
柳田國男　1967、『明治大正史：世相編』平凡社。
安川悦子　1997、「日本型企業社会と家族問題」総合女性史研究会編『日本女性史論集３：家と女性』吉川弘文館、309-336 頁。
米村千代　1996、「経営体としての家族」井上俊・上野千鶴子・大澤真幸・見田宗介・吉見俊哉編『〈家族〉の社会学』岩波講座現代社会学 19、岩波書店、119-135 頁。
吉田文　1991、「高女教育の社会的機能」天野郁夫編『学歴主義の社会史』有信堂光文社。
吉本隆明　1968『共同幻想論』河出書房新社。
袖井孝子　1987、「婦人雇用と家庭生活」雇用職業総合研究所編『女子労働の新時代：キャッチ・アップを越えて』東京大学出版会。
湯沢雍彦　1974、「日本の離婚の実態」青山道夫編『（講座）家族４：婚姻の解体』弘文堂、331-350 頁。
Zeldin, Theodore 1982, "Personal History and the History of the Emotions," *Journal of Social* History, Vol. 15, pp. 339-347.
——— 1994, *An Intimate History of Humanity*, New York: Harper Collins.